大展好書　好書大展
品嘗好書　冠群可期

大展好書　好書大展
品嘗好書　冠群可期

命理與預言13

手相鑑定奧秘

高山東明／著
李玉瓊／譯

大展出版社有限公司　印行

序　文

鐵口直斷的秘訣！

手相是人生的指標——。

筆者從事手相鑑定已有二十幾年的經驗，為數高達二萬數千人次。

最近，筆者深刻地體驗，手相才是瞭解自己人生的最大線索。

從經驗中發現，如果財運線特別明顯，現實生活中錢財的籌措較有盈餘，若健康線顯得紊亂，身體即出現不適，此般確證鑿鑿，連筆者都感到不可思議。

除了基本運勢外，戀愛或婚姻運，自己或他人的性格、個性等，在人生的各個點上，手相都

能具據實呈現。

血液型占卜術或姓氏判斷、占星術等，都有以公式化、類型化，單純地分析人的傾向，但手相的特徵是，尊重每一個人不同的特色及個性，藉此做為占卜的依據。因為，每個人的個性會毫無隱瞞地反映在手相上。手相的研究越深入，越能發現其深奧的內容。

我非常相信：神明一定是藉由手相的指標，提醒我們避免在人生的各種問題上徬徨失措，提供我們解決問題的線索。

有一名上班族的S小姐，她讓我鑑定其手相之後，由於過於準確而頗為認真地問：

「老師！你是否調查過我的事情？」

手相何以這麼準確呢？它並非魔術，只要掌握要領，任何人都是神機妙算。本書是首次公開筆者長年研究的結果，以各線紋分析手相的鑑定

要領，各位不妨也試試看。

同時，這也是國內首次發表東明流的劃期性高命中率的鑑定法。此等手相鑑定的奧秘，請不要告訴他人或亂用，當做自己身懷的絕技吧。

快，趕緊攤開你的手進行占卜。

高山東明

目錄

1 東明流手相分析法

2

傳達生命訊息的生命線

3 瞭解職業與個性的智慧線

4 反映心態的感情線

5 告知基本吉凶的命運線

6 受人歡迎者具有太陽線

7 分析愛情和婚姻生活的婚姻線

8 瞭解收入多寡的財運線

9 其他的幸運線

東明流手相分析法

不只看線紋，做整體分析

●手相不能只根據線紋判斷

分析手相時，一般人常會注意主要的四線（生命線、智慧線、感情線、命運線），其實光憑線紋並無法正確地瞭解運勢。

因爲，四條判斷命運的線即使脈絡齊整，但其分叉出來的支線方向若不佳，恐怕前程有阻礙，而相反地，四條主線即使呈現凶相，也可能有撥雲見日的暗示。

●從手的色、形、線、丘、線的始末、尤其是智慧線等綜合做判斷

分析手相時，必須注意的是顏色、形狀，以及重要分析點的丘及智慧線。智慧線是象徵人的知性，感情、命運、生命，等一切都會因知性而改變。

●首先看手及手上線條的粗細

根據手的形狀、顏色或軟硬度可大致瞭解性格的傾向。譬如，帶有細膩而浪漫的傾向

或活潑、好動、現實的傾向等。當人攤開手來迅速看手相時，必會有特別醒目的線紋。

醒目的線紋通常是長而粗且深的線紋，因而首先必須思考這線紋所帶有的涵義。

如果生命線特別清晰，可大致判斷雖不適合勞力活動，卻是身體健康而精力充沛者。

相對地，智慧線特別醒目的人，通常是屬於知性類型。換言之，可以從手相中最清晰的線紋，瞭解個人一生中最重要的傾向。

●描繪個人整體的印象

分析手的顏色、形狀、伸出手的方式及手上線紋的深度或氣勢，而掌握整體的傾向後，先把該人所具有的性格做大致判斷。

從手的形狀、顏色、伸手的方式看來，即使是性急而易怒的性格，但因手上最清晰的線紋是智慧線，也許是屬於可以憑理性克制情緒的類型。

而手指纖細有如藝術家的人，當手上的感情線特別突出時，是表示性格與感情一致，最適合藝術相關業。

不過，情緒起伏甚大，有時會有任性的作爲。

所以，在分析各個主線之前，若能事先掌握整體的印象，在分析各線紋時應可更詳細地看出該人的性格或人生。

在手掌上畫一條斜線

掌握整體印象之後，接著以智慧線爲界線，在手掌上畫一條斜線做區分。上半部表示精神、下半部表示物質。

Ⓐ上半部較寬者屬於精神類型

智慧線朝向月丘的浪漫主義者，通常上半部的面積較寬廣。

上半部面積較大者屬於精神類型。精神面是其最重要的部份。如愛、宗教、學問、藝術等。當然，想法、觀念也不實際。最重視的是感情、情緒、心靈，在充滿著紛爭而忙碌的現代較難以生存。

Ⓑ下半部較大屬於物質類型

智慧線呈橫向一直線的現實主義者，下半部的面積較大。

下半部面積較大者屬於精神類型。其最重視的是現實的生活。當然，視錢如命。

這種人認爲只要有錢就能掌握幸福。錢財可以解決心酸、痛苦、煩惱的事。

將手掌分成對半，分析帶有精神面或物質面傾向的方法，乃是東明流鑑定法的精髓。

命運判斷的基本在於智慧線

●智慧線是分析線紋的基本

不論個人的手相如何，最基本的判斷基準在於智慧線。這是筆者長年研究中，所得的重點之一。衆所周知的，人與動物最大的不同點之一是，理性的發達程度與知性的有無。

人是具有知性的社會性生物，除非性格特別怪異，否則都能以理性、知性控制自己的感情或觀念。

譬如，擁有一條粗而長的生命線，但智慧線顯得貧弱或途中出現巨大的島紋時，也會折毀象徵旺盛生命力的強度。

無法用知性控制強壯的體力與活動力，結果沉溺於酒色而把一生糟蹋。

相反地，即使生命線細而短、似有若無，但若具有均衡而氣勢雄偉的智慧線，可因知性的能力彌補懦弱的體力與生命力。

甚至可因致力於養生之道而長生不老或開拓運勢。

基於以上的理由，智慧線是分析各個線紋時最重要的關鍵。

1．東明流手相分析法

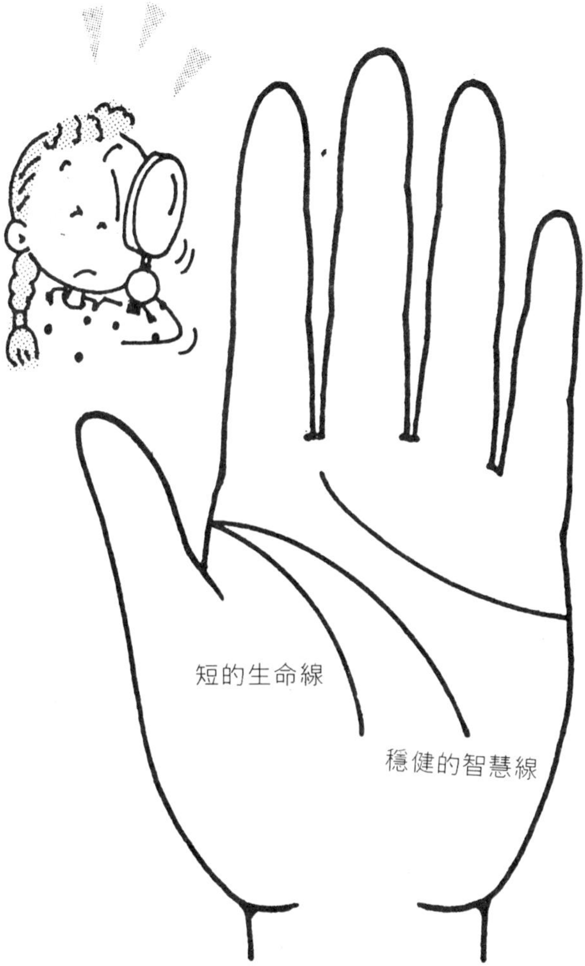

丘內聚集熱能

●注意丘！

所謂丘是指手掌上的隆起部份，它是分析手相時重要的關鍵之一。根據線紋朝向那個丘，可清楚地掌握該人的志向。它和線紋同樣地佔有重要的地位。

●手上有宇宙

手是人的一部份。人是自然的一部份。若要深入地理解手相，可調查地球或自然界。地球上的各個地域埋藏著重大的資源。譬如，中東有石油、南非有黃金。但若不到該處勞動肢體、流汗挖掘，或沒有管道的銜接，並無法取得這些資源。手掌上的丘也具有同樣的作用。九個丘是埋藏著使人的生活更豐富、便利、幸福的藏源區。而手掌上的線紋，有如吸取這些貴重資源的管道。所以，線紋（管道）越粗大、氣勢越強越好。

1．東明流手相分析法

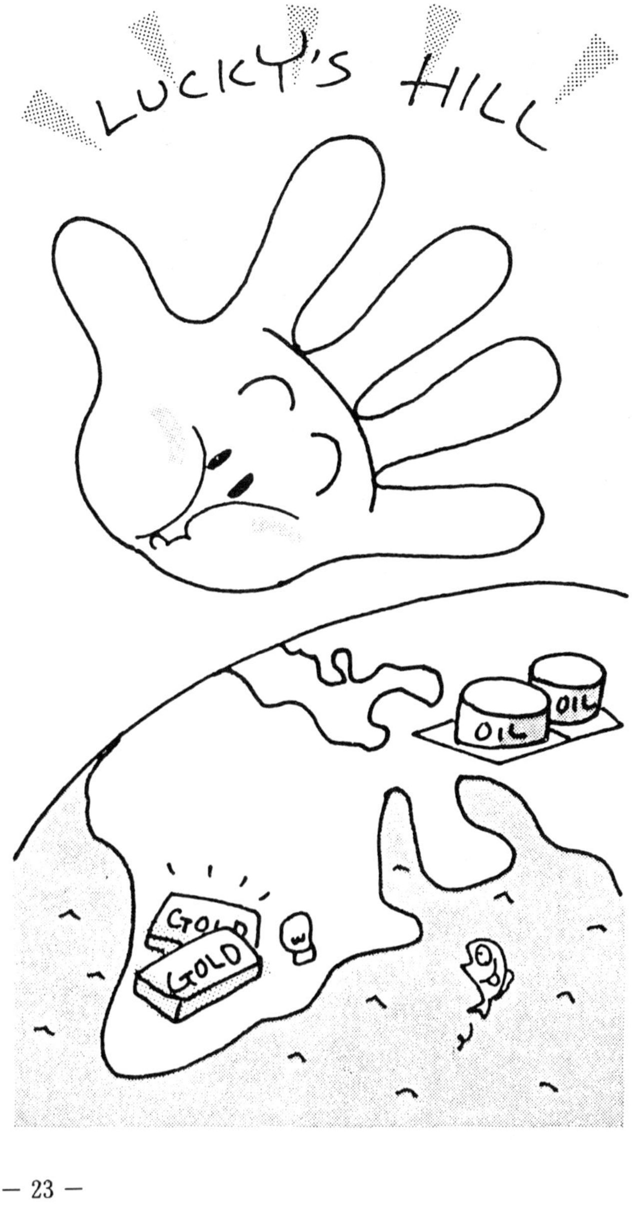

金星丘　保證強烈生命力與愛情的丘——

●愛神維納斯所支配的丘

這是指拇指的根部、生命線內側全部的部份。因受愛與美的女神維納斯的影響，象徵肉體之愛與藝術及健康、壽命、體力等強盛的生命力。

金星丘厚實而隆起，表示擁有豐富的愛情。華麗耀眼的戀愛模式，從其超強的體力而言是帶有官能的肉體之愛，而非柏拉圖式的精神之愛。同時，也擁有父母、親人等親情。從這裡延伸的線條都暗示與愛情相關的成功。這是維納斯所佔領的丘，自然具有超群的藝術品味。

●體力足、壽命長

更幸運的是擁有強盛的體力而長命百歲。生命力強，可克服平常小病。性格開朗、常抱積極、建設的想法。熟知如何享受人生而過著充實的生活。財運也好，一生富足無慮。

此丘不發達時，不僅與愛情無緣，體力差而無財運。

體力充沛！
金星丘

月丘 決定藝術品味與精神性的丘

●月神黛安娜所支配的丘

這是指手腕上方、小指下側，與金星丘位置相對的隆起部份。自古以來，月亮是神秘與女性的象徵，在此也表示藝術與柏拉圖之愛。

此丘豐滿，具有藝術品味及豐富的創造力。此處若有縱向延伸的線紋，可能在藝術的分野上獲得成功或因嶄新的構想而創造領導現代社會的新穎事物。

同樣地，性格浪漫、愛做夢。戀愛經驗豐富的人生。但是，月丘厚實者的愛情是一種昇華之愛，和金星丘的肉體之愛有別，有爲戀愛而戀愛的傾向。不過，忽冷忽熱的愛情表現是應注意的地方。

●因他人的支援而成功

此丘具有獲得外人援助的意義，如此丘出現命運線，極有可能因他人的援助而成功。

相反地，此丘貧脊時，處事利己而意志薄弱，缺乏創造性與藝術才華和人望。

熱情而羅曼蒂克
月丘

木星丘　野心家又能博得名聲與財力之丘——

●男性之神傑烏斯所主掌的丘

從食指下到中指部份隆起的丘。表示支配、權力、名聲、地位及野心。

此丘發達者是野心家，幾乎可斷定對地位、權力極感興趣。

當然，也積極地努力贏得地位與名聲。工作奮發起勁，給人望塵莫及之感，但擅長用人，深得上司與部屬的信賴。因而升官早，社會信用也高。

不過，此丘過於發達的人，往往處事過於躍進，極有可能變成極端化的暴君。

相反地，此丘薄弱者，個性消極而自暴自棄，意志薄弱，常有半途而廢的行止。

●女性常被人敬而遠之

女性若此丘發達常會產生反效果，難得的優點可能被認爲是任性、傲慢。但終究居於領導者的地位，這時應注意待人和善。

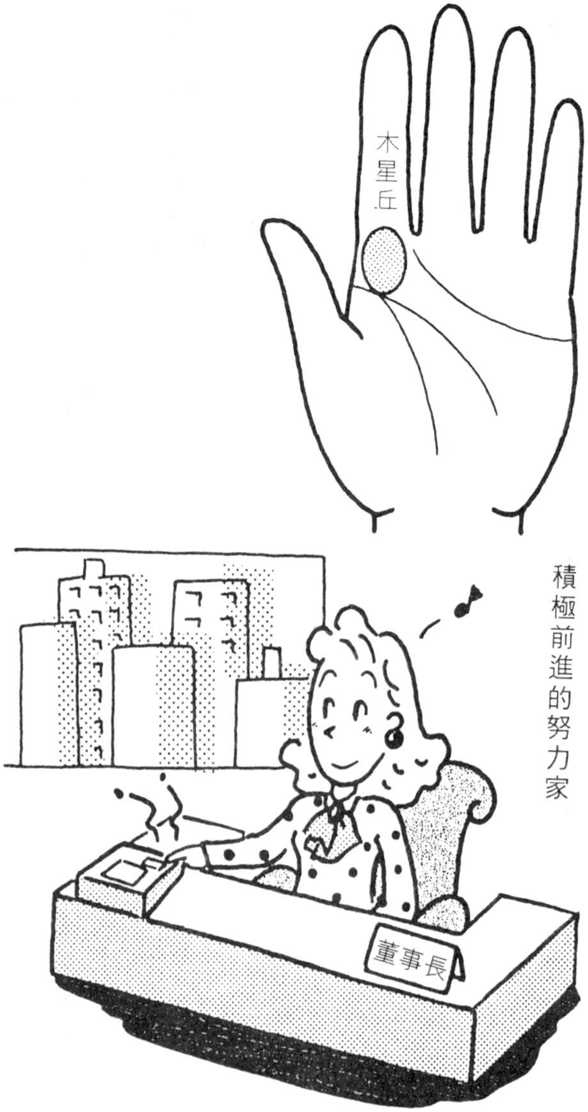
木星丘
積極前進的努力家
董事長

土星丘　研究心強擁有卓越業績的丘——

●沙坦恩所支配的丘

這是指中指稍微偏向無名指以下部份的丘。

此丘具有認眞、誠實、勤勉、喜好研究等意義，深受神話中的農業神沙坦恩的影響。

此丘隆起厚實的人，彷彿修行僧般地默默踏實地努力。

有如當蟋蟀遊戲時仍然辛勤地工作的螞蟻一樣，毫不受他人影響且貫徹自我主張。請想像學者或研究者，夢想有朝一日成爲衆人矚目的英雄，日夜不眠地工作的孤獨模樣。結果應該會留下豐功偉業吧。

●耐力強、持久力也超羣

擁有卓越的持久力，爲達目標不畏任何艱難。平常顯得忠厚老實，但碰到困難時會發揮超強的執著力與之應戰。

而此丘不發達者，對於默默踏實努力的作爲感到厭倦，反覆著挫折與失敗。

土星丘
建立豐功偉業

太陽丘　建立成功與多采人生之丘——

●阿波羅所支配的丘

在無名指下方的丘，是由衆神中最得人緣與擁有崇高地位的阿波羅所支配的丘。

因此，此丘隆起而充滿活力的人，保證擁有成功與燦爛的人生，終其一生擁有財運與豐富的愛情。

同時，此丘也主掌藝能或藝術，因而在一般人難以出人頭地的這個分野上也能成功。在藝術或藝能的分野上，即使擁有才華，若無時機與栽培良駒的伯樂，或與時代的腳步不一致，則難以獲得成功。此丘發達者不僅擁有才能，也意味著擁有一切成功的條件。

●強盛的幸運力

並非辛苦經營人生，而是因他人的助力或幸運之神的帶領而開拓人生。厚實的太陽丘是獻給命運中註定擁有一般人所缺乏的魅力與幸運。

當然，線紋若朝向此丘也具有同樣的能力。

擁有人緣與地位

水星丘　具備商才與擁有財運之丘——

●衆人的使者馬鳩利所支配的丘

這是無名指略偏向小指部份的下方。

這個丘是衆神使者又兼掌生意買賣、音樂等活動的馬鳩利所支配。因此，此丘隆起而厚實的人擁有卓越的商才，擅長賺錢。同時也能發揮調節人際關係的才能。

此丘所出現的縱紋稱爲財運線，保證擁有財富。

此丘若豐滿厚實，也是擅長賺錢而能聚財者。不論是生意買賣、事業都能成功。

●口才伶俐的智多星

因爲，此丘所表示的是富有靈敏的金錢觀，而非精通算盤的才能。換言之，由於口才佳又具備吸引他人的魅力，且富有提出嶄新構想的獨創性。

不過，此丘若過於發達，會暴露對金錢的執著而招來反感。但若是貧弱的水星丘，則缺乏創意功夫，而無法從事賺錢的工作。

1．東明流手相分析法

第一火星丘　鬥志贏得勝利之丘——

●戰神馬魯斯支配的丘

這是位於拇指根部上方，木星丘以下的部份。由於它是戰神馬魯斯所支配的丘，當然具備戰鬥能力。

這也是生命線的起點，表示個人天生具有的生命力。此丘發達者，不僅外觀顯得精力充沛，言行舉止也充滿著活力。給人對任何事都感興趣的印象。

●擁有爲人生奮鬥的勇氣

但是，這類性格不僅是給人的印象，也以實際的作爲表現出來。不畏任何困難，勇敢地面對並制服敵人。

如果此丘出現一條穿越生命線的線紋，表示鬥爭心相當強，從壞處解釋是動輒與人爭執的性急者，常被認爲是舉止輕率的粗暴者，請務必小心。

相反地，此丘顯得貧弱、虛薄的人，個性消極而缺乏活力，任何事都不感興趣。

外表也顯得頹廢，給人懦弱的感覺。在工作上無意識中會給人不安的感覺，因此，應自己提振精神發揮勇氣向工作挑戰。

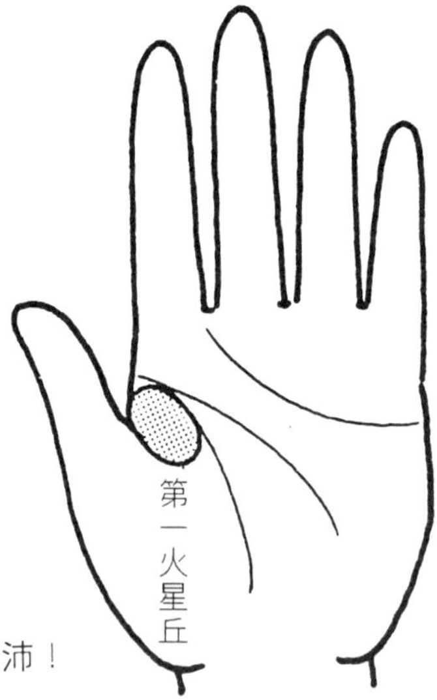

第二火星丘　保證人生充滿著活力之丘——

●軍神馬魯斯所在之丘

第一火星丘和第二火星丘都是由軍神馬魯斯所主掌，但所呈現的方式卻相反。馬魯斯具有兩面性，第一火星丘所表現的是鬥爭心，而第二火星丘則表現內心的戰鬥（自制力、忍耐力）。

第二火星丘位於第一火星丘的相反位置，正好在水星丘的下側。所謂內心的戰鬥是指與自己的爭戰。

此丘豐滿、厚實者，看似沉靜、老實，其實內心常有錯綜複雜的糾葛、掙扎。雖然常面臨困難，卻也常發揮耐力、堅忍、自制、自重心而給予克服。

●耐力強而能自我克制的人

由於平常對凡事忍耐又壓抑自己，一旦到達限度則難以收拾。此丘若有穿越感情線的線紋，暗示可能有大爆發的時候。

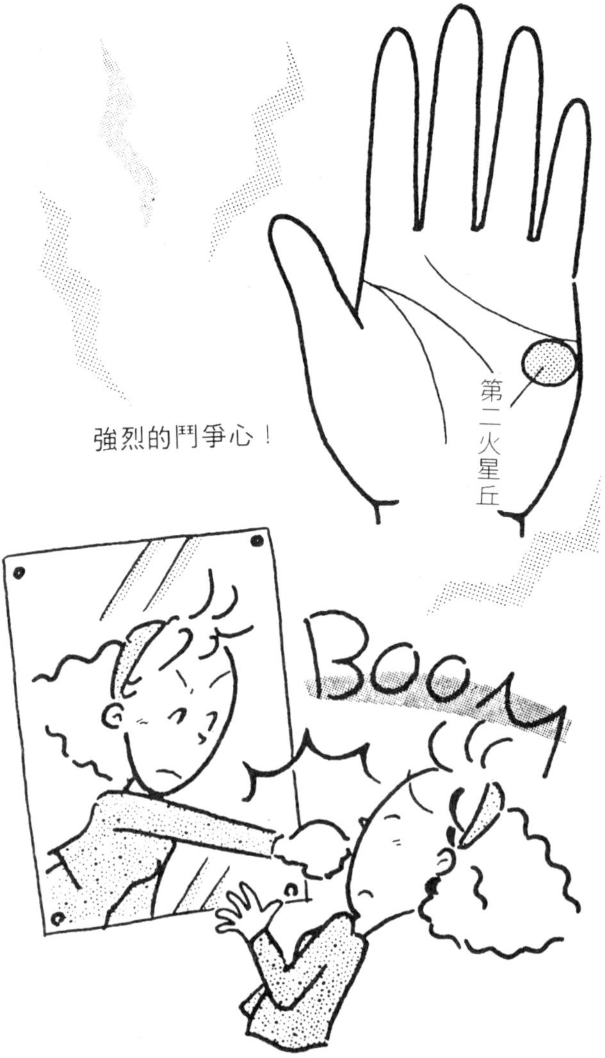
強烈的鬥爭心！
第二火星丘
BOOM

火星平原、地丘　判斷整體的運勢

●火星平原表示運勢的強弱

手掌上的凹陷處，亦即第一火星丘和第二火星丘所包圍的部份稱爲火星平原，它是六個丘的中繼點。換言之，這個丘決定六個丘所帶有的意義的強弱。

這個部位豐滿而有張力，表示人生平順，運勢上升。

相反地，顯得貧瘠時，是表示人生及運勢都陷入停滯狀態。不要插手管事，只確實地履行目前所從事的事，靜候等待時機。

●地丘是表示性格及體力

地丘是指與手腕銜接的金星丘與月丘之間。此部份隆起者表示具有開朗的性格與充沛的體力。運勢也朝向好的一面發展，職場或家人關係也圓滿，周圍狀況一切良好。若有想要著手的事不妨放手一搏。

此丘貧弱時表示周遭環境不佳。在窘迫中一事無成，因而必先整頓環境、儲蓄體力。

瞭解整體的運勢
火星平原
地丘

●父母的因果表現在左手，右手時時刻刻地變化

即使是絕世美女，臉孔的左、右側也有微妙的差異。

更有趣的是，用單側的臉拼湊臉型時，會變成表情木訥、單調，和原先的美人判若兩人的模樣。其實手相和臉孔也有類似的情況。

●分析雙手而知眞實

到底手相是看右手或左手，這是古今中外手相研究家們一個重大的課題，但筆者認爲，分析手相必看雙手，否則無法掌握眞實情報。

●右手表示後天的運勢、左手是先天的運勢

一般人所慣用的右手，會具實地傳達個人所從事的工作或生活型態。因爲，手本身乃是生活模式、健康狀態的指標。

因此，右手上的線紋較易變化，適合分析現在及未來。相反地，左手是表示天生所具有的運勢。它適合判斷與生俱有的性格、才能或運勢。

雙手的綜合判斷

2

傳達生命訊息的生命線

瞭解目前身體狀況的生命線

●不可忽視每日變化的訊息

原本活蹦亂跳的人，突然一命歸天……過勞死已成爲目前社會的重大問題。如果把這些人簡單地解釋是：「企業戰士因勞動過度而死亡」未免過於草率。筆者每次看見這類報導，都爲死者感到惋惜，因爲，我認爲在死亡之前手上應會出現某種徵兆，何以這些人毫無所覺？從而深刻地體認，認識手相有多麼地重要。

手相中的生命線會告訴我們壽命的長短、健康、人生的轉機或人生中所發生的障礙。雖然它不比醫師因有嚴密的診斷所獲得的診察結果，但卻也能確實地傳達目前的身體狀態或自我檢查的重點。

如前所述，手相每日都在改變。身體狀況佳時，出現清晰而齊整的生命線，但身體狀況差時，生命線會變得薄弱，甚至內臟出現疾患時會有障礙線或島紋、叉印等。

平常能仔細地看自己的手相，藉由其暗示而懂得養身之道或奮發努力。

重要的是了解自己眞實的狀態而積極地應對。請各位利用手相確實地做好健康管理。

2．傳達生命訊息的生命線

線紋的粗細是體力的指標

根據生命線是否清晰，可與其他線條比較下顯得粗或細來判斷。

Ⓐ線條粗的人體力超羣，忌諱自信過盛

線條粗者非常健康。同時，體力十足、活力充沛。朝氣蓬勃、體內充滿著熱力。不拘泥小節，處事積極靈敏。不過，千萬避免過於自信自己的體力。有時也需要休息。

Ⓑ線條細者身體虛弱，配合自己身體狀況行動

生命線細而薄弱者，屬於虛弱體質或瞭解自己缺乏體力而對於任何事失去信心。如此自然變得消極，但卻無須感到失望。只要配合自己身體的狀況，選擇適合自己生活的方式即可。

甚至因注重自己的身體而免於重大的疾患。

Ⓒ標準的線條健康情況屬於一般，注意無理強求

有些人的生命線不粗也不細，這種人可能偶而傷風感冒卻無大礙。留意維持自己身體的健康。

2．傳達生命訊息的生命線

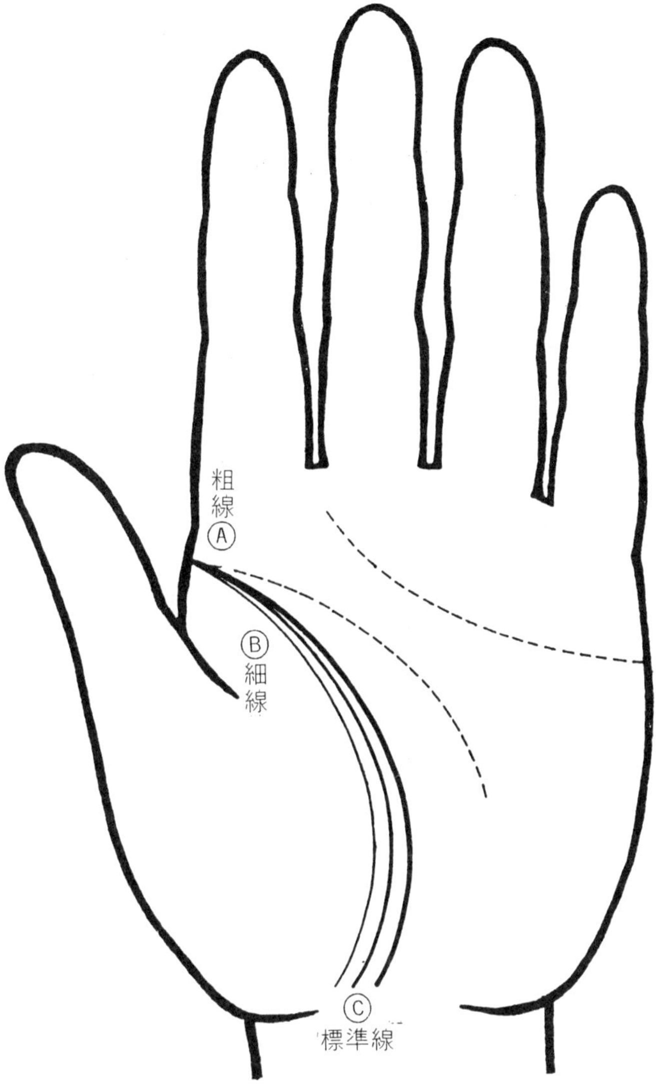

長度是長、短壽的決定關鍵

壽命是根據線紋的長短來分析。但卻不可一概而論地斷定長即長壽或短即短命。

Ⓐ線短雖有短命的暗示但關鍵乃在當事者本身

如果線紋短得分不清是生命線或支線，請看智慧線。如果智慧線也短，極有可能也是短命之人。智慧線長時，可能懂得克服疾病而意外地過著健康的生活。

Ⓑ線紋到達金星丘，壽命百歲以上

生命延伸到手腕側，而且朝向位於手腕附近的金星丘時，是長命百歲之相。

Ⓒ延伸到手腕以下相當長壽

線條延伸到手腕附近也是長壽之相。即使有横越而過的障礙線，也能逢凶化吉活命百歲。碰到障礙期時，務必特別注意身體健康。

Ⓓ彎延到月丘時，變動多

有些人的生命線會從途中朝向月丘彎延，這種人雖也會長命百歲，但一生中常有住所、職業的變更。似乎也有許多人是早期離鄉背景或長久遠離故鄉的人。

2．傳達生命訊息的生命線

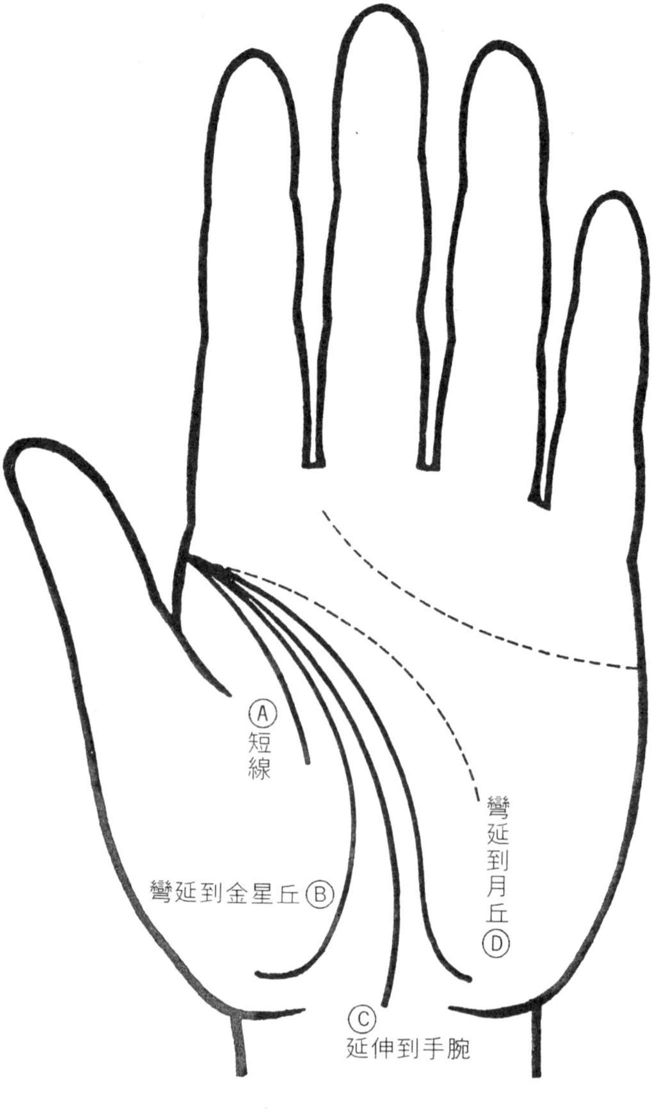

根據張力分析精力

不論男女，可根據線紋的張力分析性方面的問題。請注意線條的粗細與深度。

Ⓐ標準的曲度好壞適中，家庭生活幸福

精力屬於一般的標準。凡事適可而止，不強也不弱，最適合經營和平安康的家庭生活。

Ⓑ呈大幅曲線的線條精力絕倫

健康而生命力旺盛、活力充足的類型。尤其喜愛性且熱情。精力絕倫，可以應戰二十四小時的人。

但是，由於精力過於充沛，無法以特定的異性爲滿足。

而在異性間頗得人緣，可能和不特定多數的異性發生關係或造成某種糾紛。

Ⓒ曲度狹窄，爲夜晚戰戰兢兢的人

不僅是體力，對精力也缺乏信心，因而並不喜愛性。

由於生命力本身薄弱，容易疲勞，因而不會積極地追求性。似乎也不感興趣。

若是女性，不僅性能力薄弱，甚至有不少是冷感症者。

2．傳達生命訊息的生命線

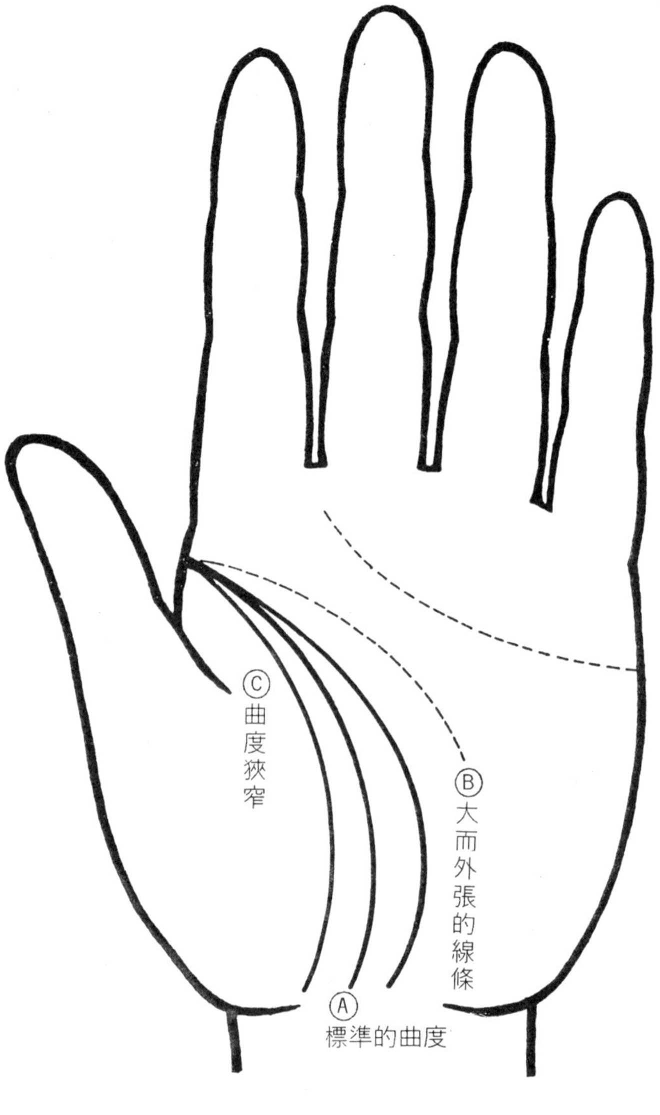

根據出發點分析積極性與消極性

最近，越來越多的公司行號利用占卜術管理職員，而從生命線的出發點可以瞭解個人的工作態度。基準是以拇指和食指的正中央爲標準。根據位於其上或下來分析。

Ⓐ從上方伸出是野心家、幹才型

線紋從接近木星丘的位置而出，會因木星丘的影響而帶有支配慾或對地位、權力特別感興趣。對工作或人生充滿著野心，積極地運作。

結果常成爲政治家或事業家，即使從事一般的工作也多半能出人頭地。

Ⓑ從正中央出發則表現一般的工作態度

一般人都不願意被定類爲「一般」的狀態，但這種人並無特大的野心或升官慾，卻也討厭無所事事趁機摸魚的態度。

從這一點看來，適度地努力而依自己的方式處事的態度也許最適合現代的模式。

Ⓒ出發點在下方者帶有叛逆性而易怒

特徵是受火星丘的影響常見叛逆、容易與人紛爭者。常有不平不滿、心浮氣躁，不足微道的問題也會動干戈。雖然缺乏積極的意慾與霸氣，但胡亂找碴而招來反感。

2．傳達生命訊息的生命線

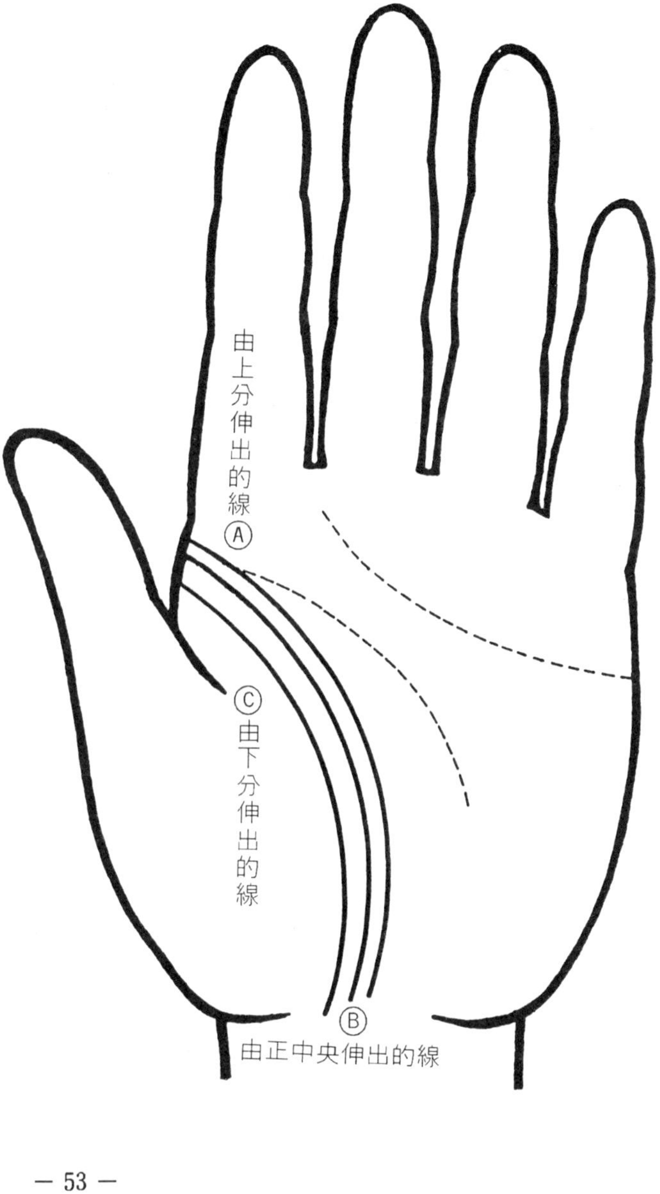

根據終點分析是宿疾或急症

現代人的壽命越來越長，平均約八十歲。而每個人都渴望在這數十年的人生中能過著健康、不爲病痛煩惱的生活。若要了解自己的健康狀態，可根據終點來確認。如果出現凶相，應調整自己的身體狀況並小心行動。

Ⓐ急促的曲線會有重大疾病

彎延的曲度若適中，是可活命百歲的長壽之相。但在途中突然呈扭轉的曲度，是暗示有嚴重的疾病。可能是必須動手術的疾病。

任何疾病最重要的是早期發現與早期治療。不妨立即接受健康檢查。

Ⓑ急速下降是躺臥病床的生活

生命線並無圓曲度，呈筆直下降的直線時，是身體衰弱、缺乏體力的暗示。結果，可能過著無精打采、缺乏鬥志的生活。雖然並無重大的疾病，身體卻隨時感到不適無法暢然。即使沒有生命的危險，恐怕也是躺臥病床的生活。

Ⓒ×或星記號應注意事故或疾病

生命線終點出現叉或星記號，是暗示突發事故或疾病。災禍不知會以何種形式降臨。

2．傳達生命訊息的生命線

只要略感不適，應立即休息並接受檢查。

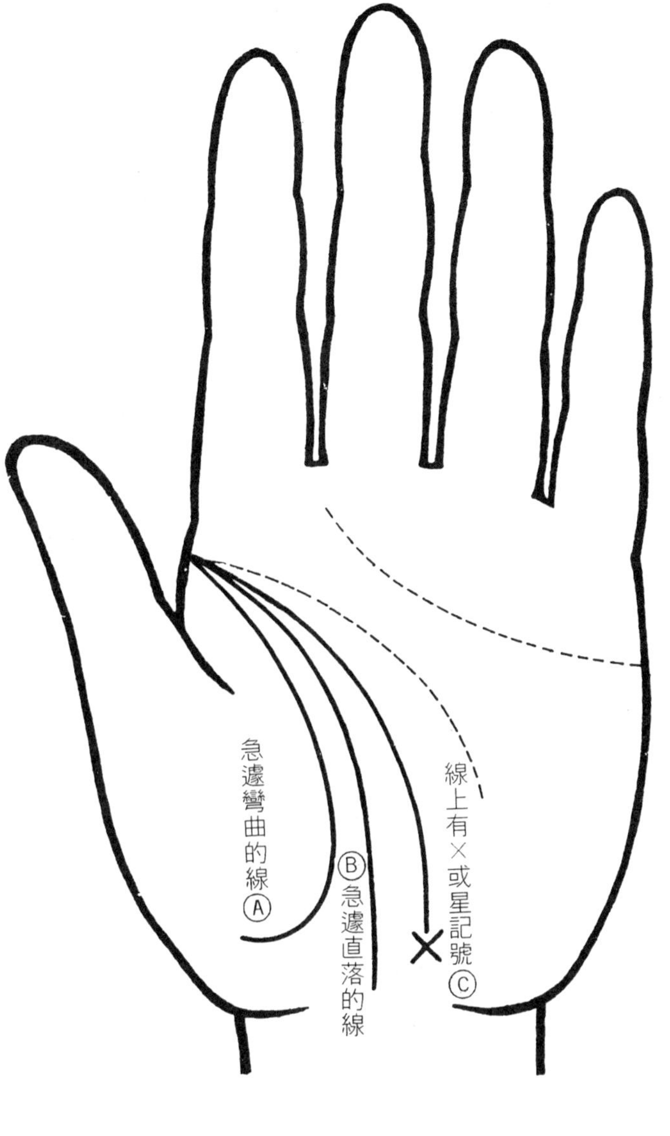

人生開始走下坡時會出現支線

未來是無法預知的茫然。但根據手相卻能做某種程度的未來預測。只要事先小心警惕，即可緩和災難。

Ⓐ末端有細小的分支是暗示晚年的疾病

年輕時幾乎百無病痛，可以勉強體力而無大礙者之相。年老後體力急遽衰弱，健康上出現危機。體力衰弱又染患疾病，恐怕倍受煎熬。但爲時未晚，從現在起避免勉強體力的勞動。

Ⓑ末端出現大分支是人生起落的暗示

末端若出現大的分支，分支的間隔越大即表示生涯的落差越大。

家財萬貫者可能破產而連棲身之所也沒有，或公司倒閉流離失所，或原本是高級主管卻變得無所事事，所從事的行業和以往大爲迥異，或環境有極大的變遷。

Ⓒ末端出現小支線是疲勞感

當生命線的終點分出許多小支線時，暗示疲勞已到極限的狀態。平常體力已不足，又因毫無節制的生活而加劇。必須有充分休息的時間，避免壓力或疲勞的累積。

2．傳達生命訊息的生命線

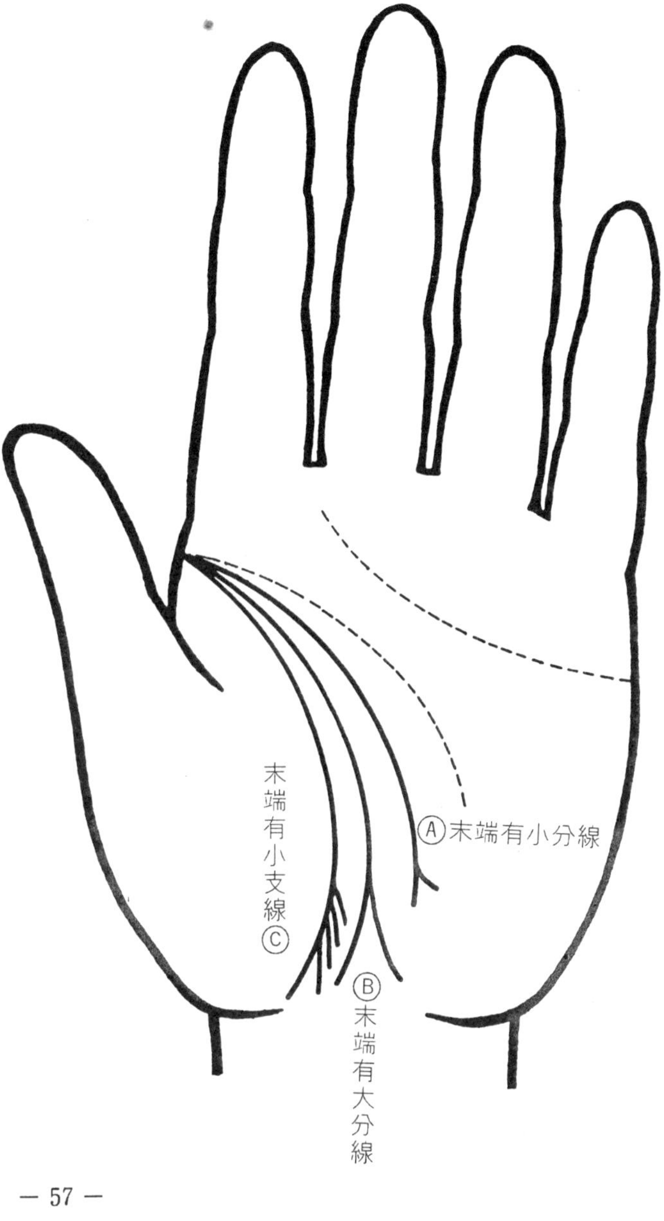

根據線紋的斷裂方式分析受傷或疾病的類型——

不論任何線紋，最理想的是齊整地呈一條線。如線紋出現斷裂，乃是有疾病的顧慮。

Ⓐ途中斷線會有受傷或大病

請看斷裂的部位，找出患病的時期。

這個時期是生活產生巨大變化的暗示。因受傷或大病而改變整個人生。

斷裂處越大受傷或疾病也越嚴重，回復的時間也越久。而斷裂處小時，受傷或疾病也較輕微。或者是情緒陷入低潮，只是暫時的現象，立即可回復原狀。

Ⓑ斷裂處若有補助線可檢回一條命

如果斷裂線出現與之並行的補助線，即使病重垂危也會檢回一條命。這是因補助線的輔助，宛如救神一般。

Ⓒ斷斷續續的線紋是因同一個疾病受苦

反覆數次消化器、呼吸器系統的疾病或生殖器方面的疾病。

必須確實治療直到完全痊癒。如果斷斷續續的裂痕位於上部，表示年輕時發病，位於下部則是中年以後發病。

2．傳達生命訊息的生命線

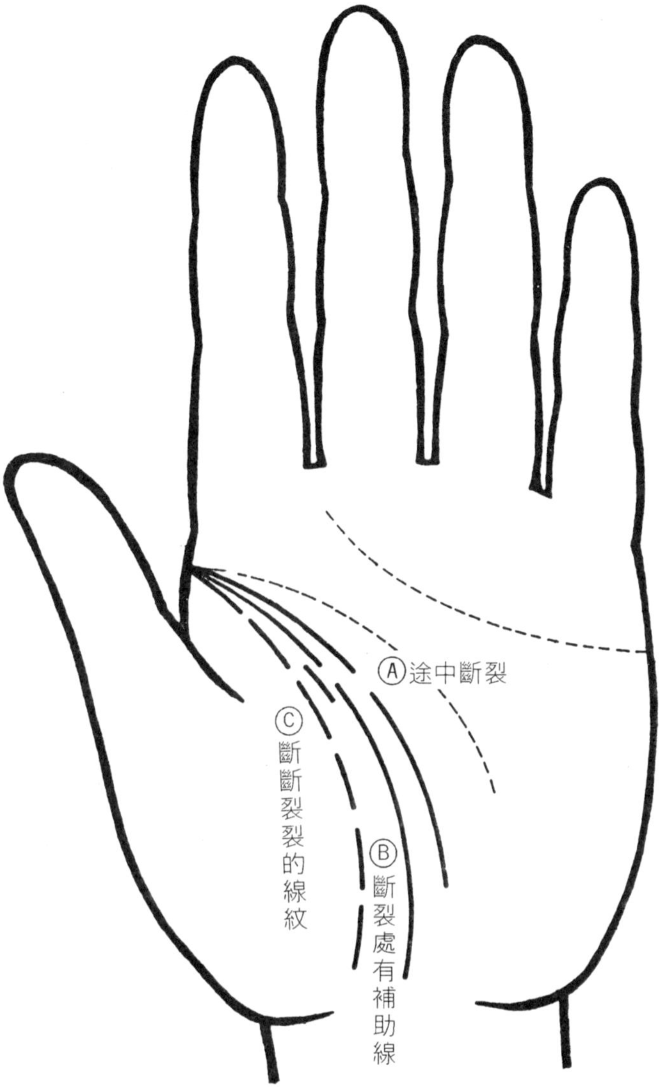

根據十字與星型記號分析災難

顯得不吉利的十字與星型正是凶相的暗示。它告知我們意想不到或突然降臨的災難。

Ⓐ線外側的十字是暗示突發的傷害

線紋外側、中指以下若有十字，暗示突發的受傷。如車禍、物體由上墜落等突發性的傷害。請千萬注意紅綠燈及前方車輛。

Ⓑ線上若出現十字，是精神衰弱的暗示

暗示身邊重要者的死亡或面臨車禍等悲慘的現場，造成精神方面的打擊。該悲慘的情景日夜縈繞心懷，難以回復。可能會造成精神衰弱。

Ⓒ從土星丘的島紋或十字延伸的線紋與生命線交割時，暗示受傷

從土星丘上的島紋或十字紋延伸的細紋若穿過生命線，暗示會有嚴重的受傷。

Ⓓ從土星丘的島紋或十字延伸的線紋在生命線上停止，暗示有燙傷的危險

從土星丘上的島紋或十字延伸的細紋，若在生命線上停止，暗示會有受傷的情況。但多半是燙傷或撞傷。

2．傳達生命訊息的生命線

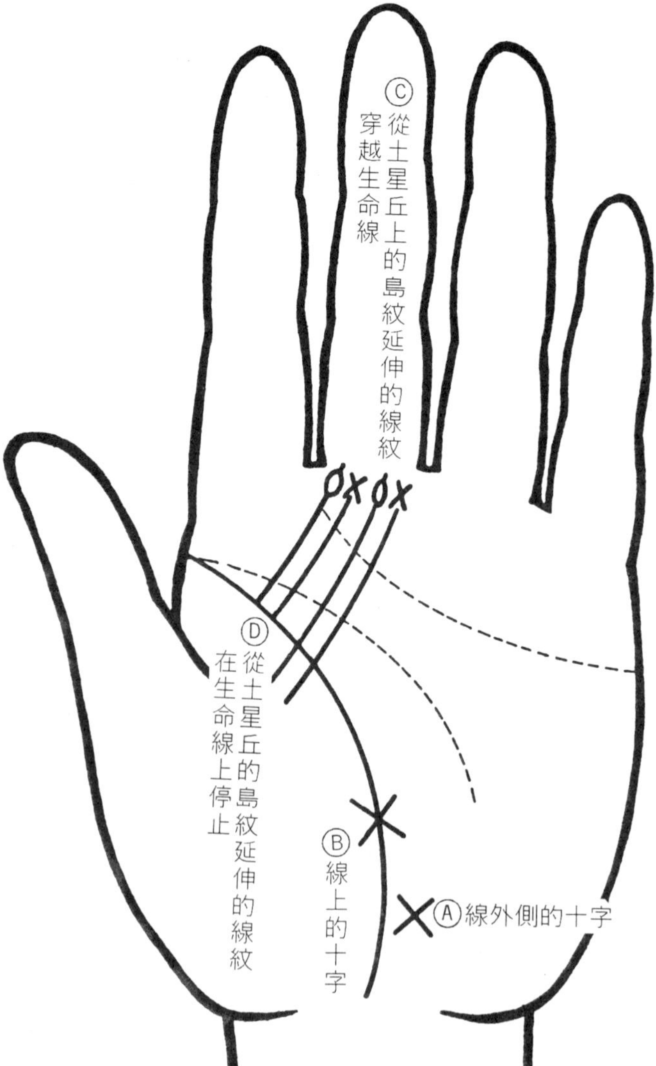

根據異常線分析慢性病

生命線的異常，暗示受傷或疾病，同樣地，也告訴我們漸呈慢性化的疾病。盡早採取對策以避免變成宿疾。

Ⓐ從智慧線延伸的生命線是頭痛之源

生命線若從智慧線出發，暗示會因頭痛而煩惱。經常因頭痛感到心浮氣躁，會明顯地出現歇斯底里的言行舉止。頭痛已成慢性化，心浮氣躁反而會帶來反效果。

Ⓑ橫越生命線的線紋是造成嚴重打擊的疾病的暗示

橫越線紋的線稱爲障礙線，如果穿越生命線表示有突然的災難。遭逢意外傷害或疾病而承受嚴重的打擊。

Ⓒ鎖鍊狀的生命線必須注意消化器

由於消化器官較弱，缺乏食慾而體力也不足。毫無企圖心，做任何事都缺乏耐性。應試著改善體質。

Ⓓ小分線的連鎖必須注意內臟疾患

分線斷斷續續連接成小型鎖鍊狀時，暗示消化器以外的內臟器官衰弱。顯得無精打采

2．傳達生命訊息的生命線

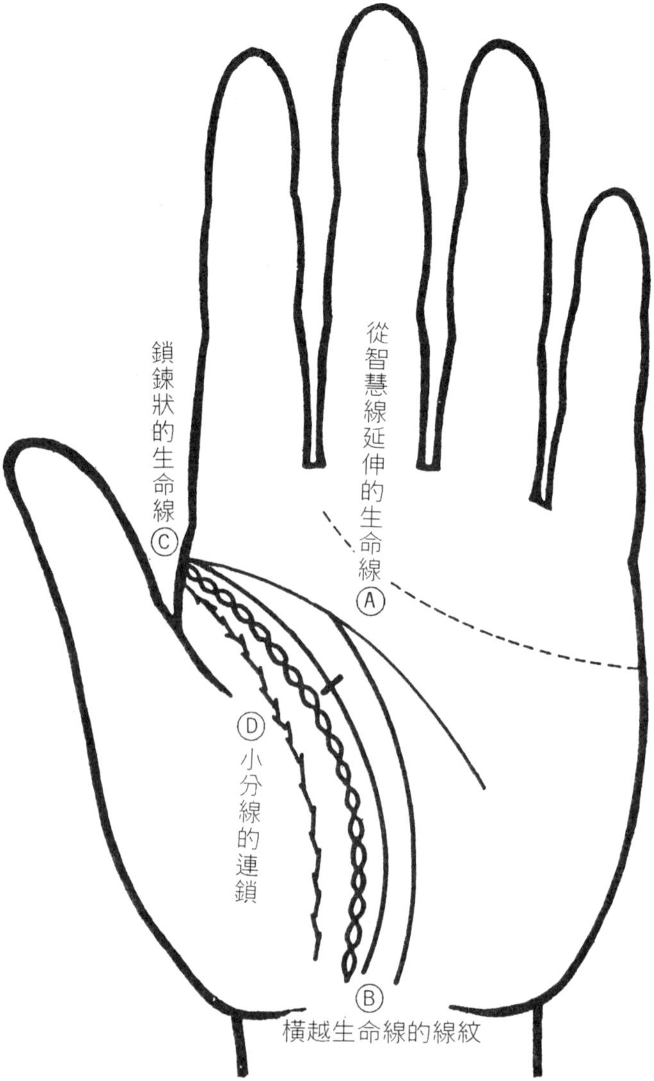

、缺乏幹勁。但根據個人的養生法有可能改變體質。

最高的生命線是雙重生命線

理想的生命線是粗而清晰的線紋，曲度優美而長。

手上有這樣的生命線不僅身體健康、體力充足，也不會有突發的事故或受傷，可以健康康地過完人生。

而且，活力充沛、性格開朗、不悶悶不樂，能積極地處理事務，保證可過著相當理想的人生。

生命線會告知我們身體的狀態，而身體的狀態和個人的性格、人生也有密切的關係。

此外，還有比這麼理想的生命線更爲吉相的生命線。那就是雙重生命線。

雙重生命線是在描繪美麗而清晰的生命線之外，又有一條類似的生命線，至少可以活到百歲或更長的壽命。

擁有雙重生命線者，幾乎可以斷言是擁有世上珍寶者。

相反地，即使生命線的紋路不太好也不必擔心。利用攝食與養生也有可能長壽。只要找到適合自己的生活方式即可。重要的是應該如何生活吧。

2．傳達生命訊息的生命線

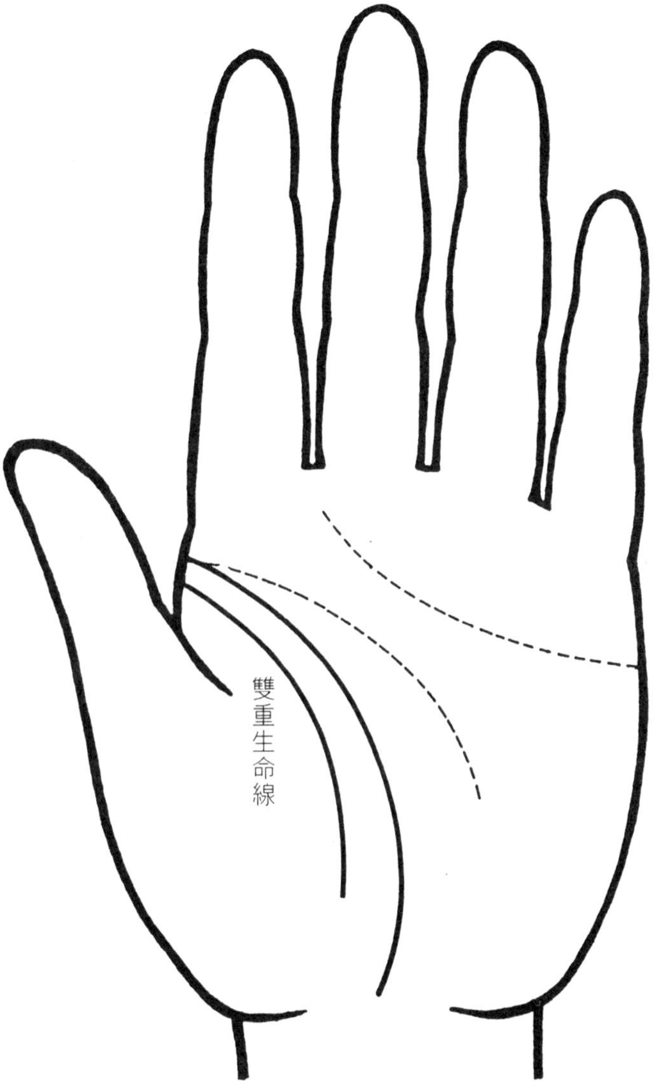

●大手是愼重、小手個性大膽

對女性而言，男人的手越大似乎具有包容力，顯得健壯而精力充沛。

●大手是處事愼重、按部就班努力的類型

但外觀與內在正好相反，不論男女，手大的人對任何事都以愼重的態度處之，先訂定詳細的計劃、做好準備再預估成功的可能性之後才採取行動，可謂深謀遠慮型。堅忍踏實、認眞，對同事、朋友極爲體貼、個性溫柔。

●小手是個性大膽、魯莽的類型

而身材高大卻雙手細小的人，具有器度與決斷力，會斷然採取行動。個性大方不拘泥小節，依自己的構想推動事物。不論在工作或戀愛方面都表現令人信賴的態度。

缺點是過於大膽而欠缺體貼，魯莽而失周密，也有草率的一面。

外觀與內在正好相反

3

瞭解職業與
個性的智慧線

暴露性格及精神狀態

智慧線是從象徵活力與鬥爭心的第一火星丘的上部出發。因第一火星丘的影響，智慧線表示人的活力與人生戰鬥的姿態。

因此，根據智慧線分析職業或性格。

生命也從同一個位置出發，它是表示以肉體爲中心生活時的活力展現法，而智慧線則表示以精神、智能爲中心時的生存之道。

個人的活力、才能、性格會發揮在何處、何時、何事？以何種方法發揮能力？智慧線是解開這個謎底的關鍵。

因此，不可草率地斷定智慧線成長即表示頭腦好，智慧線短則表示腦筋差。

智慧線會告訴我們個人具有何種任務、擁有什麼樣的人生目的及個性、性格、才能、能力等。

而智慧線是各條線紋中最重要的線。因爲，人是智能動物。活動肢體時必須由知性或理性來控制肉體。

3．瞭解職業與個性的智慧線

根據長短分析是直覺型或思索型

腦筋的好壞和智慧線的長短無關。但卻有個性上的差異。以從太陽丘筆直落下的線條爲基準。根據比這條基準線長或短來判斷。

Ⓐ標準長度是缺乏個性

任何事都恰如其份也少有失敗，卻缺乏個性。偶而採取斷然的行止，也許會發現另一個嶄新的自己。

Ⓑ較短者屬於速斷速決型

具備憑直覺判斷事物的能力。也有隨時閃現的靈感，擅長擬定新企劃。也具備決斷力，屬於劍及履及的類型。在一切講求速度的現代，是相當難得的個性。不過，個性坦蕩的另一面是缺乏耐性，舉止輕率。

Ⓒ較長者屬於深思熟慮型

長度到達月丘者具有思考力及嚴密的思維。思慮深，任何事都會窮究到底。最適合從事長期性的工作或書寫論文，但可能使旁人因等候而感到焦急。也有優柔寡斷的一面。

3．瞭解職業與個性的智慧線

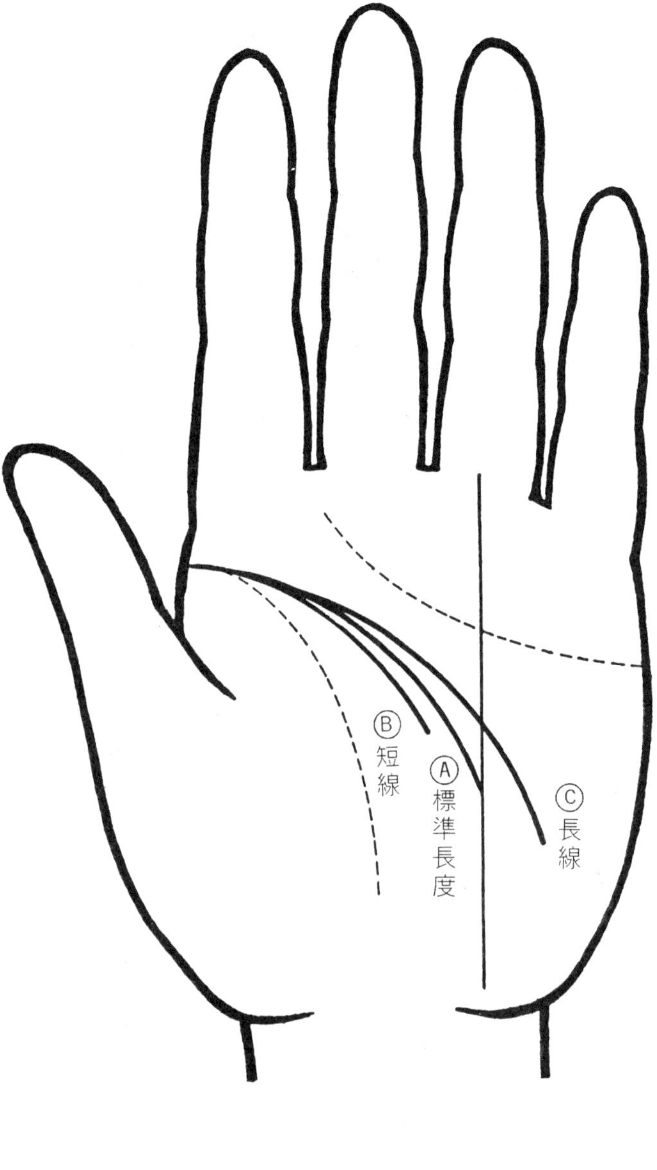

根據出發點瞭解是作爲大膽或愼重者——

出發點的基準是生命線。根據是附著在生命線上或分離的程度做判斷。

Ⓐ前端和生命線重疊者是深思熟慮型

日本人常見的類型，做任何事都小心愼重，屬於深思熟慮型。

Ⓑ離生命線的出發點三至五釐米是積極的自信家

任何事都先嘗試的人。對自己具有信心，處事積極又富行動力，必可成功。具備統御他人的能力，經常處於衆人之上、活躍舞台。

Ⓒ距離七釐米以上是有勇無謀的一匹狼

距離超過七釐米以上，是行動過於大膽而顯得魯莽。缺乏計畫性，常有隨興的作爲。經常令旁人感到心驚膽跳。

Ⓓ從生命線的途中分出是膽小的探險家

生性膽小，思慮再三猶有疑慮的性格。而且，過度的神經質。一直在意過去的事而悶悶不樂。最適合當探險家、推理小說家。

3．瞭解職業與個性的智慧線

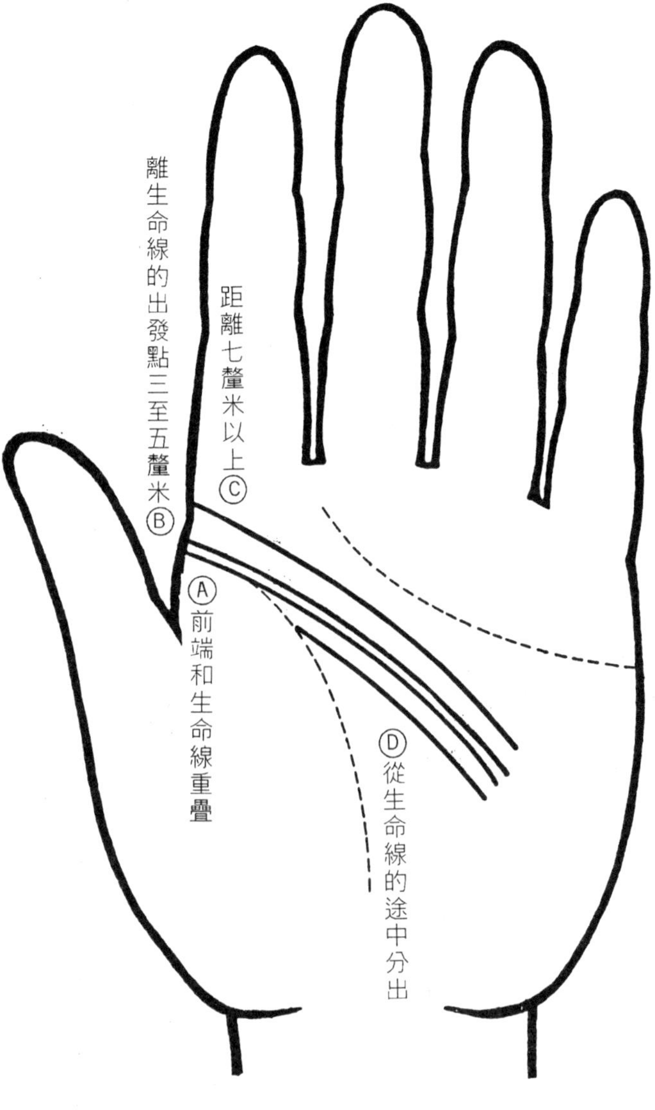

根據終點分析性格與才能

根據智慧線的終點做分析。基準是月丘的上部。從其位置可以瞭解在那個方面可以發揮才能。

Ⓐ標準長度是保持現實與浪漫的均衡

尾端在月丘的上部，結束是圓滿的常識家。具有現實的一面及浪漫的一面。兼具實務能力與藝術的創作能力。

Ⓑ往上方橫伸屬於現實派，擅長賺錢

朝向第二火星丘或水星丘是現實的合理主義者。如果呈橫向的一直線，更具有這種傾向。經濟頭腦極為發達，喜愛金錢又有賺錢的才幹。

但缺乏夢想，又有凡事以物質尋求解決的傾向，可能使旁人敬而遠之。

Ⓒ往下降是喜愛幻想的浪漫主義者

對所有一切生物懷抱愛情、心地善良的人。重視自己的感受，率直地遵從感情、情緒。追求夢想與浪漫，眼中毫無現實的問題。雖不適合現實生活，卻極有可能在藝術或興趣的分野上大放光彩。

3．瞭解職業與個性的智慧線

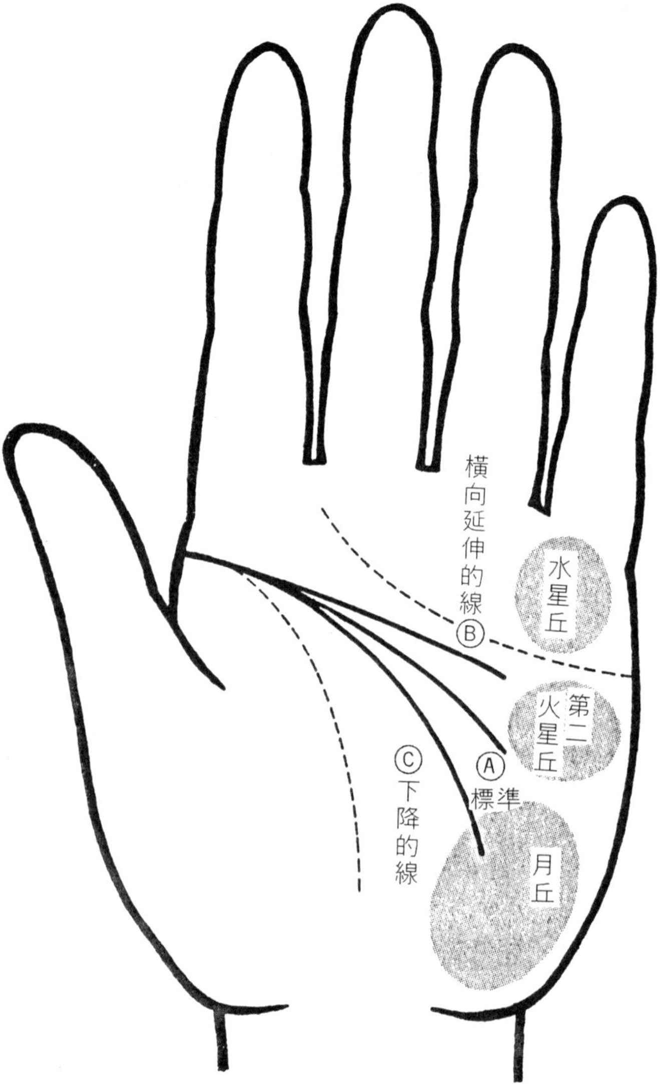

根據延伸的方向解析金錢觀

從線紋朝向何處可以瞭解個人的金錢觀及人生哲學。雖然人稱：「金錢能使鬼推磨」在金錢萬能的現代，請參考以下的說明避免被錢所操縱。

Ⓐ朝向水星丘易成守財奴

如果智慧線朝水星丘延伸，會受水星丘的影響而具備科學或商業的才能，對金錢相當執著。與其說是喜愛金錢，毋寧是認爲金錢是一切的視錢如命類型。具有不擇手段獲得金錢的傾向。

Ⓑ朝向月丘下側是夢想家而不實際

朝向月丘順勢下滑的智慧線屬於經常幻想的類型。越朝下延伸此傾向越強，幾乎已超越夢想的範圍，而在空想中生活。雖然精神世界豐富，卻難以維持現實生活。

Ⓒ與生命線並行而下是妄想、厭世家

對世間社會帶著不滿，爲了逃避現實而躲匿在空想中的類型。

因此，討厭與人交際、厭世。沉溺於妄想中而不事生產。

3．瞭解職業與個性的智慧線

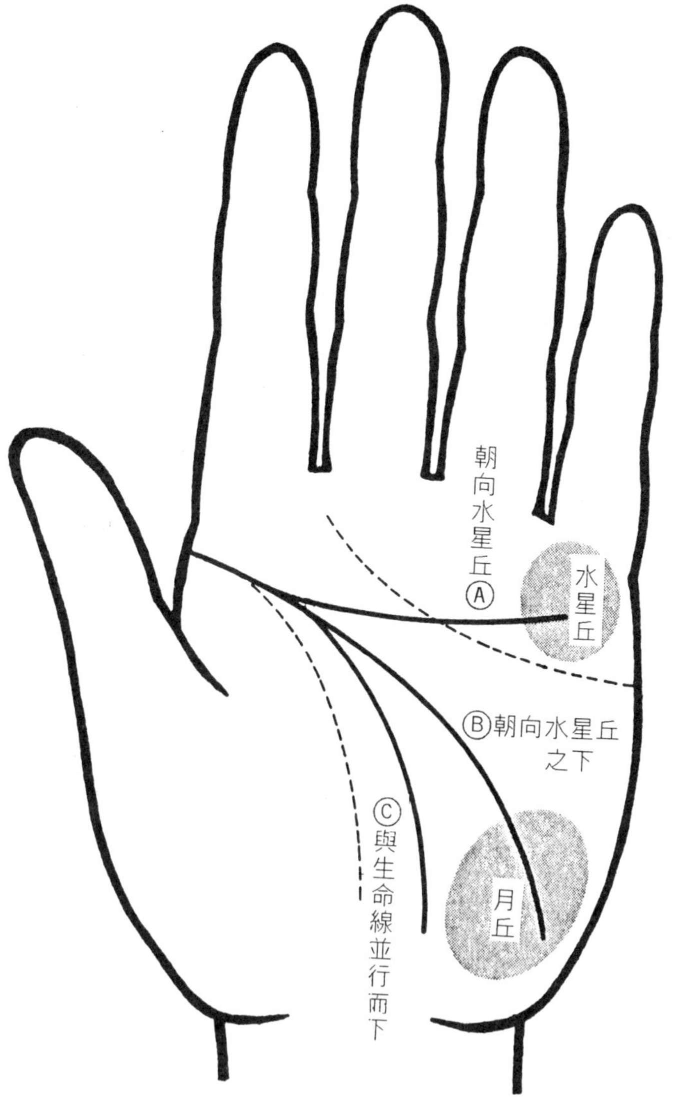

根據周圍的線紋掌握心態

智慧線的終點有與之並行的短線。這表示個人思考事物時呈現何種基本的態度。

Ⓐ朝上並行是樂觀派

常見只要每天過得快活即無所謂的類型。性格直爽、開朗，抱著希望與樂觀的態度。受人歡迎，但因表現好好先生的態度而容易受騙上當。

對將來並沒有具體的構想，帶有漫無目地生活的傾向。

Ⓑ朝下並行是悲觀派

對一切事物往壞處著想的悲觀類型。操勞性又容易陷入被害妄想，日積月累下會形成重大的壓力，對身體危害甚大。

因爲，壓力會造成意想不到的疾病。俗話說：「哭、笑都是一生」這是表示每天洗淚度日與嘻嘻哈哈過活，同樣都是走完一生，何不敞開心胸快樂地生活。不要悶悶不樂，遇有困擾事找人商量也是因應之策。

3．瞭解職業與個性的智慧線

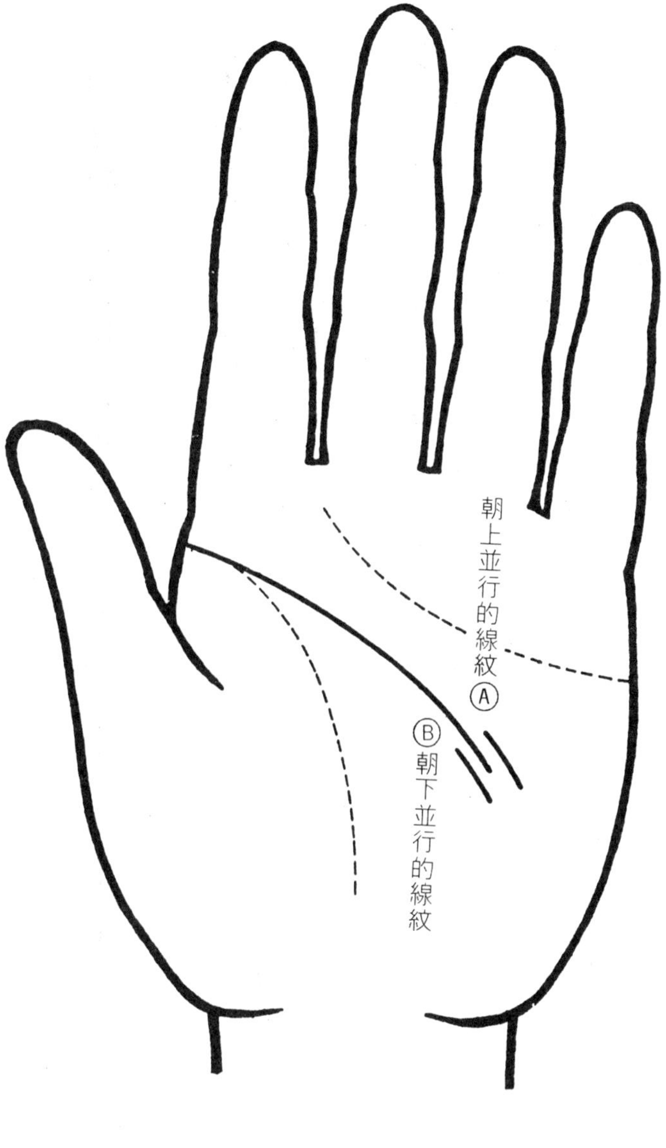

根據特殊的分析是否成爲大人物——

以下我們來看比較特殊的智慧線。

Ⓐ三條主要線從同一點出發是唐吉歌德型

富有幾近滑稽的正義感，義氣昂揚唯我獨行、慨然出發的唐吉歌德……生命線、智慧線、感情線從同一個點出發者，就是這種類型。

一旦認定某件事即全身投入，以生命賭注的純情型，有時過於盲信而顯得滑稽。

Ⓑ從第一火星丘延伸而出的線紋穿越智慧線是激情者

有些人在智慧線的下側，有一條從第一火星丘彎延而出，穿越智慧線的線紋。

這是平常顯得老實的人，在瞬間會表現令旁人瞠目乍舌的作爲。這時已覺悟即使失去所有一切也無所謂，因而恣意發洩情緒。有如激情暴滿而溢出之感。

但對當事者而言，並非突然的舉動而是忍耐已久的結果。平常若能點滴地發洩感情，應不致於造成如此地步……。

3．瞭解職業與個性的智慧線

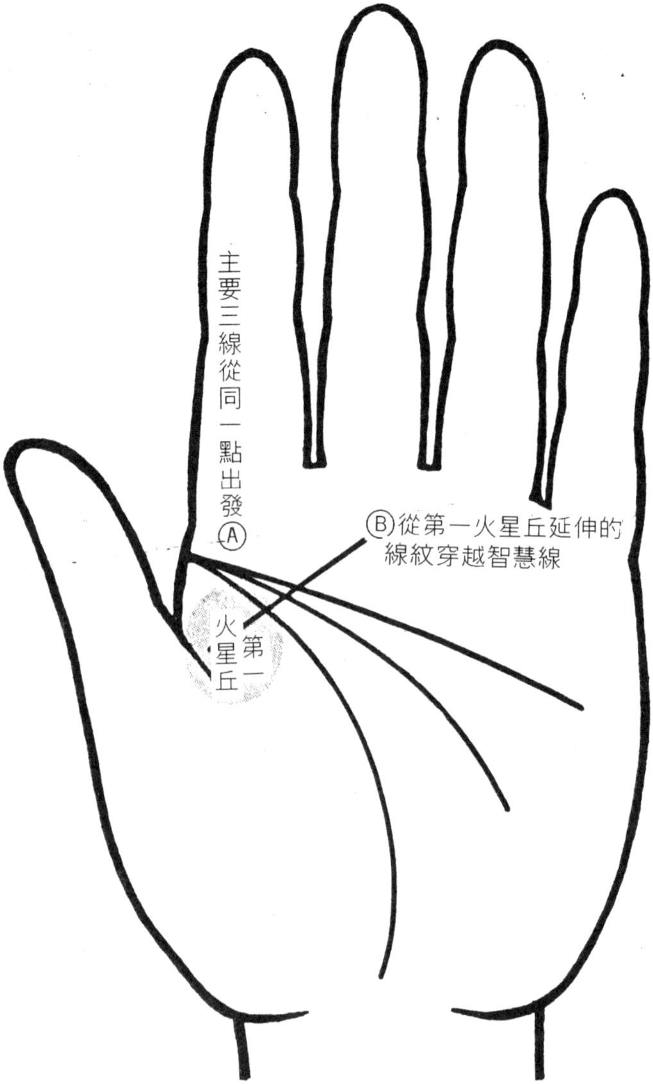

根據特殊的智慧線分辨才能

以下介紹智慧線中表示具有特殊才能的智慧線。

Ⓐ雙重智慧線！活用兩種才能

這是特殊的線紋，與智慧線並行的另一條智慧線，兩者如果粗而長即是吉相。

這表示擁有兩個以上的才能，是令人羨慕的線紋。即使從事没有銅臭氣的藝術工作也能成功，而在營業方面上也春風得意。更可貴的是都能確實地贏得利潤。

一言以蔽之，智慧比一般人高，即使不可能共存的兩件事，擁有雙重智慧線者也能使其兩利。

Ⓑ前端分叉的智慧線是多才多藝型

前端分叉的智慧線和雙重智慧線所具有的涵義類似，是多才多藝的人。但在成就方面卻不如雙重智慧線的篤定。分叉線的線紋的間隔越寬，活動的範圍也越廣。

在目前通才型人才行情看漲的現代，極有可能成爲媒體界的寵兒。不過，若招致反感事態則難以收拾。務必保持謙虛的態度。

3．瞭解職業與個性的智慧線

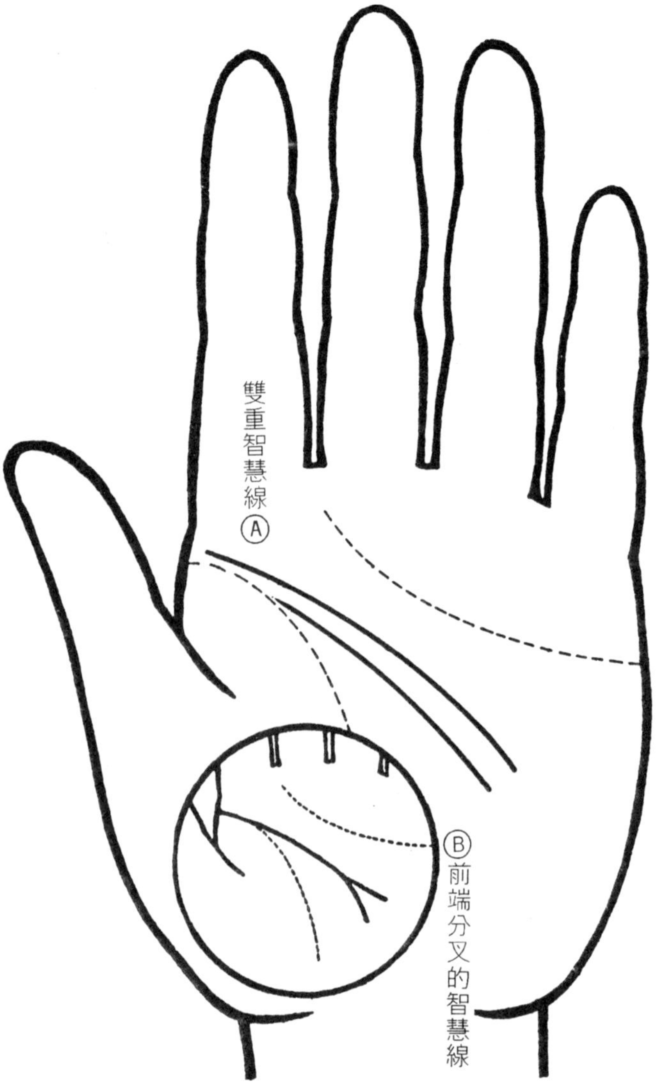

根據支線的方向分析才能的類型

觀察從智慧線所分出的支線方向，可以瞭解個人天生具有的「嗜性」或才能。

Ⓐ朝向太陽丘適合藝術、藝能工作

智慧線的分支若朝向太陽丘，表示具有太陽丘的形象。換言之，美意識高、藝術或藝能的造詣深，志向也適合這些方面。同時，也暗示可獲得人緣、成功及名聲。

職業方面以身爲畫家、小說家、音樂家及演藝圈人士獲得的成功率較高，也是能擁有名聲與人望的吉相。

Ⓑ朝向水星丘適合演說的工作

智慧線的分支若朝向水星丘，自然會受水星丘所具有的印象的影響。

換言之，富社交性，具備語言才華，又擁有商才，因而最適合擔任事業家、營業家、外交官及播音員等。天生具有卓越的口才，腦筋又靈敏。

由於腦筋動得快，懂得如何處理所接獲的情報，並立即察知該如何出售這類情報。這樣的才能在情報化社會的現代極爲珍貴，務必善加運用。

3．瞭解職業與個性的智慧線

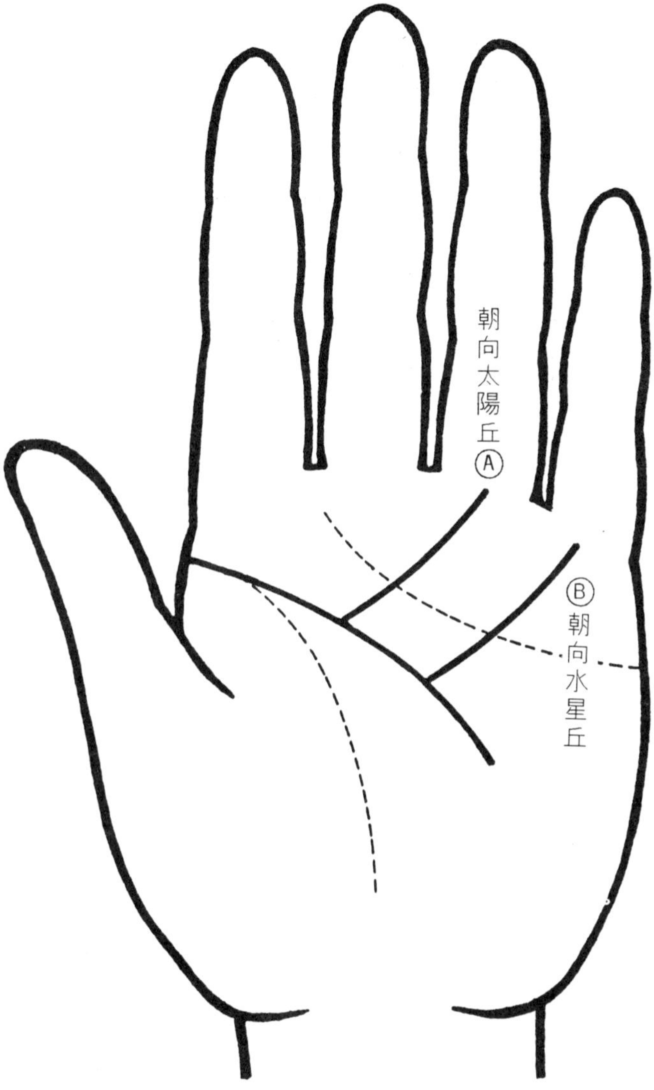

根據島紋分析壓力的原因

現代人多多少少都有壓力的負擔。智慧線上會出現與頭腦相關的壓力。請仔細觀察手上的智慧線是否出現島紋。

Ⓐ位於與生命線分叉處的島紋是思春期的煩惱

這是只看到風吹葉落就有過度反應的時期。思春期的煩惱是精神上的困惑、不安、神經過敏等。時機一過自然痊癒。

Ⓑ位於中指下方的島紋是神經系的壓力

大的島紋越顯著，越呈現神經質的部份或潔癖。如果情況加劇，有可能變成神經病，因而應儘可能地保持寬裕的生活態度。

Ⓒ位於無名指下方的島紋是腦部的疲憊

用功過度或印刷品看太多，而使視神經疲倦。主要是腦部的疲勞，應放棄一切思考，讓頭腦與眼睛休息。

Ⓓ智慧線末端的島紋是疲勞的累積

長期的酷使身體，一旦暴發病變，疲勞及隨之而起的壓力會傷害腦血管。

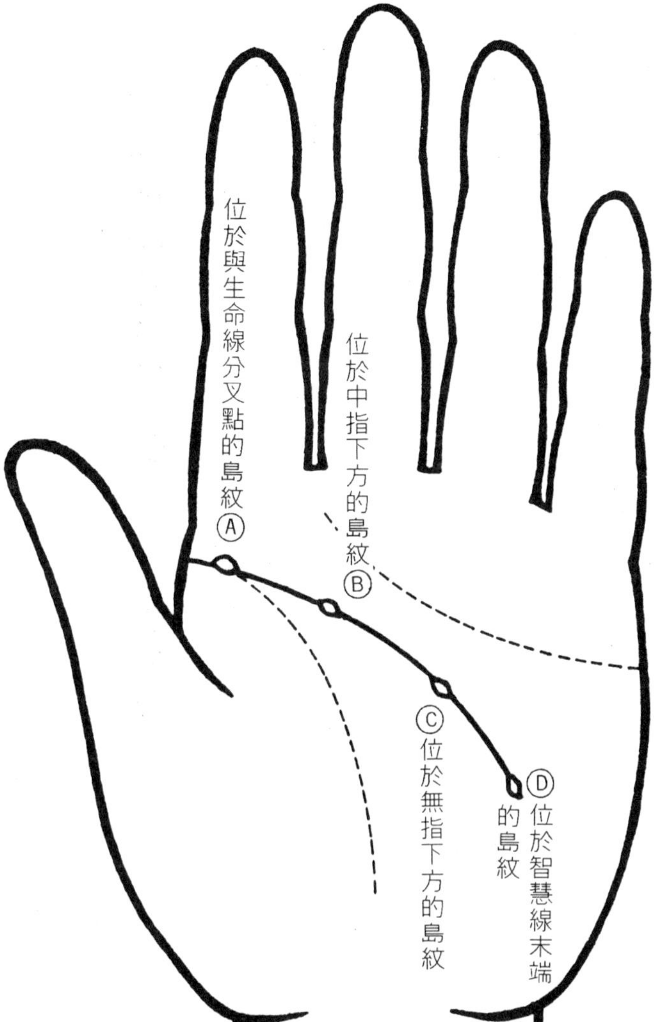

它也是腦中風、腦梗塞等腦血管障礙的原因，必須充分地休養。

從斷斷續續的線紋瞭解身心的疲勞

理想的智慧線是深刻在手掌上，沒有任何斷裂或島紋。斷斷裂裂的線紋和島紋同樣地必須留意。若發現智慧線上出現斷裂應充分地休養尋求回復。

Ⓐ斷裂處重疊是發病前的徵兆

突然的高燒或原因不明的頭痛、或突如其來的昏倒等，發生不明究理的事故。以往不重視保養身體，酷使體力的結果所造成的懲罰。腦中已成短路現象，面臨就將噴火的危險狀態。最好暫時停止工作以平撫腦筋的傷害。

Ⓑ好幾層的斷裂線紋是牢騷過度

斷裂處變成好幾層次，其原因乃是憂鬱。做任何事都不快樂，看什麼也覺得無聊，甚至什麼都不想做，卻又煩惱無所事事怎麼過活。

只要以開朗的心情面對一切，情緒會慢慢地回復。

Ⓒ斷斷續續的線紋會導致鬱悶的疾病

線條變得斷斷續續者常感到憂鬱。體力也不佳，成天躺在床上。腦筋也懵懵懂懂。不妨到醫院檢查是否有不適的地方。

3．瞭解職業與個性的智慧線

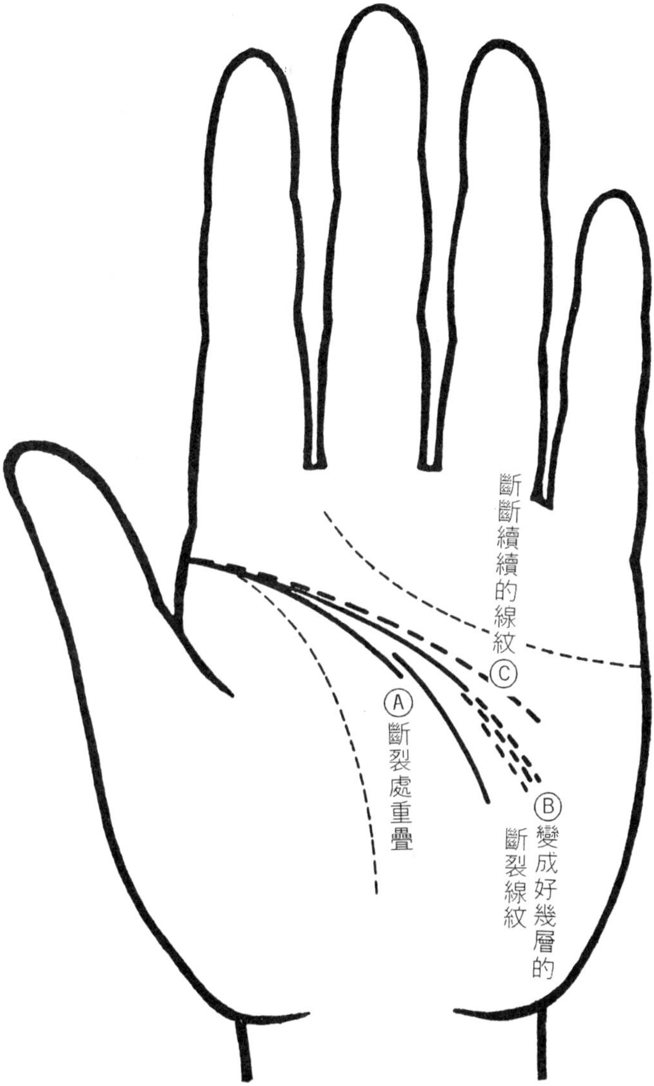

根據努力可改變異常的線紋

即使出現異常的線紋也不必失望。因爲，手相是每天都會變化的。根據個人的努力，有可能使手上的線紋變的齊整清晰。

Ⓐ蛇行的線紋表示幼年時代的不幸

從智慧線的出發點到中途線條呈蛇行狀者，表示從幼年時代到思春期有極大的環境變化。結果因煩惱而閉塞自己，身心交瘁。而智慧線的後半呈蛇行，原因是長大成人後的壓力。

Ⓑ鎖鍊狀的線紋是缺乏集中力

智慧線若呈鎖鍊狀，表示缺乏集中力、意願。做任何事都無法持久。但只要找到能令自己沉迷其中的事物並耐心地處理，也可慢慢地培養集中力。

Ⓒ線上有斜向的線紋表示強烈的猜疑心

數條線紋橫過智慧線，乃是凡事以自我爲中心思考者常見的手相。出現立即勃然大怒、大聲嘶吼的歇斯底里的一面及強烈的猜疑心。若不以自己爲中心則不信服，除非自己動手否則絕不相信別人所做的事。這種手相正反映了這樣的心態。

3．瞭解職業與個性的智慧線

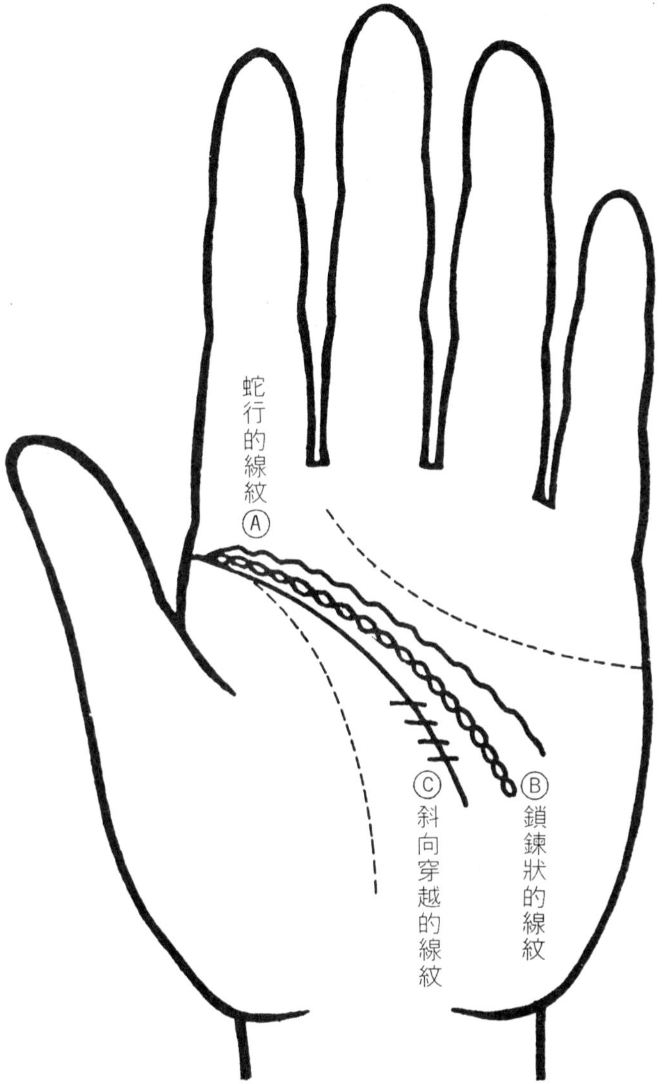

手掌上的十字表示靈感、直覺

手掌上出現的十字紋稱爲神秘十字。位置在智慧線與感情線的正中央位置。乍看下呈現清楚的十字型。

●多半是宗教家極富信仰的人

這是宗教家或對宗教極表關心或虔誠信仰的人。

●通靈者通常都有十字

通靈者也會出現十字紋。換言之，具有看見他人無法得視的奇妙景物的能力。如果這種能力持續而所見的景物鮮明時，有些人會以通靈者爲職業，而通靈者也通常手上都有十字。另外，也有人對超自然現象或神秘事物感興趣。

●直覺能力強者也有十字紋

比靈感更具有敏銳的直覺力者，通常手上也有十字紋。

所謂直覺是在選擇時，憑直覺判斷而獲得好結果的感應力。我想一般人也有過一、兩次的經驗。如果擁有如此優秀的能力，在現實生活中大有助益。

3．瞭解職業與個性的智慧線

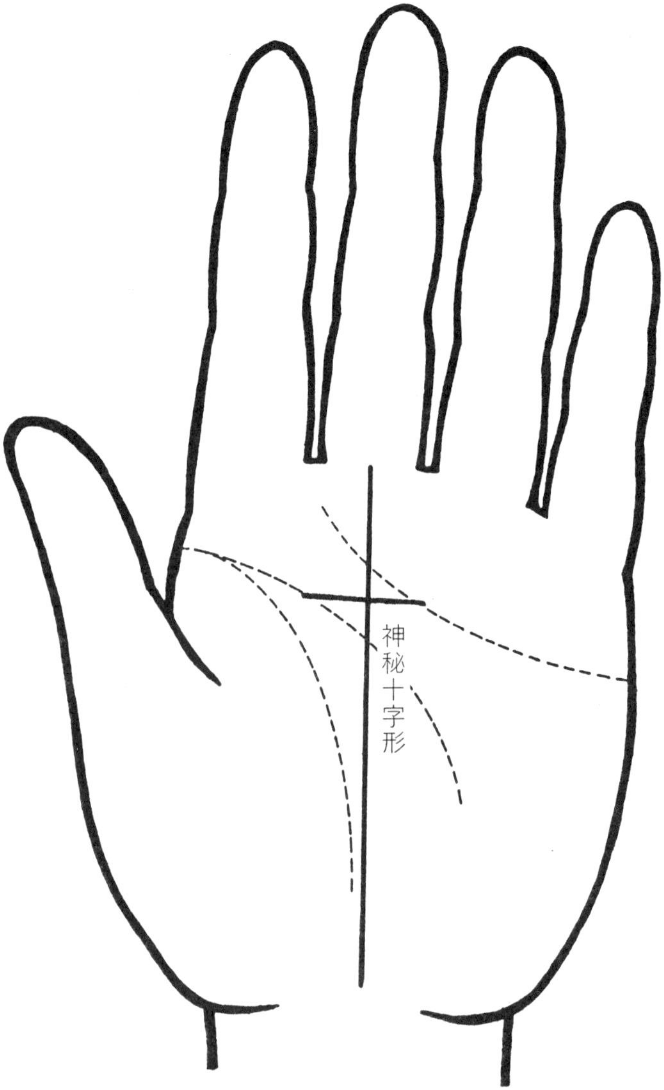

根據觸覺「分析」分析手相

●厚手是精力旺盛，薄手是醋勁大

分析手相時除了看手上的主要線紋外，還有幾個分析的重點。其中常令人疏忽的是觸覺。做手相分析必須觸摸手。

●身心健壯的厚手者

身材魁梧的人通常雙手也厚實。性格開朗、不爲小事悶悶不樂，物質慾與性慾也旺盛，精力充沛型。

如果手比一般人厚實又大，有執迷於金錢、因貪慾而顯得粗俗的傾向。

●嚴峻冷靜、神經質的薄手者

手肉單薄者凡事都採被動姿勢，缺乏積極性。但也有深謀遠慮的一面，因而醋勁強，有時會表現咄咄逼人的氣勢。

如果雙手單薄、瘦骨嶙峋之感，多半是冷靜而思慮深的人，但行之過度恐恐怕變成嚴峻而冷淡的性格。

平坦的手是缺乏霸氣、體弱多病的象徵。性格也顯得懦弱。

反映心態的感情線

瞭解天生具有的感情類型

感情是無法用理性或道理劃分清楚，也因爲如此最令人感到棘手，它也是人們一直無法習慣的性質之一。

不過，從另一個角度而言，這正表示人是多麼不同凡響的存在。

音樂、文學或繪畫、電影，所有一切的藝術全是追求感情的表達方式。這些必須有複雜的感情才得以成立。

而手上的感情線會具實地反映內心動態。

感情線本身會暴露個人天生具有的感情類型。綜合其他線紋一併考慮，多少會表現出不同的層面，但基本上感情線是表達天生具有的性格。

也可以從感情線分析愛情、婚姻、健康。從線紋的狀況可以瞭解將有何戀愛經歷、婚姻生活及家庭生活等。

當然，也確實地浮刻出過去的經驗。如漫長的愛情追逐後分道揚鑣者、因不幸的戀情身心交瘁者，感情線會一一地呈現個人戀愛的經驗。

同時，不僅是上述戀愛的失敗，也會告訴我們精神方面的成長過程。

4．反映心態的感情線

根據長短分析愛情的程度

感情線從小指出發，標準長度是延伸到中指與食指之間。

Ⓐ感情線越長愛情越豐富

感情線長表示豐富的愛情。而最常見的是標準長度。標準長度是能取得愛情與麵包的均衡，雖然平凡卻能過著幸福的家庭生活。而比標準更長的感情線，具備敏銳的感受性，有一番轟轟烈烈的戀情。在家庭生活中付出所有愛情、全心經營的人。

但如果長度超越食指，可能有些問題。所謂「惡女深情」這種人由於愛情過於濃烈，經常使周遭者感到疲憊不堪。

Ⓑ感情線越短越冷酷、冷靜

隨時保持冷靜沉著的態度，不論任何狀況都不會迷失自己，也不會主動追求朋友或情人。鮮少有喜怒哀樂的表情，不爲感情所動，準確地判斷自己所處的立場而適切地應對。因此，經常給人冷淡的感覺，由於情緒顯得貧乏，最好訓練接觸電影或繪畫等藝術，以豐富情操。

4．反映心態的感情線

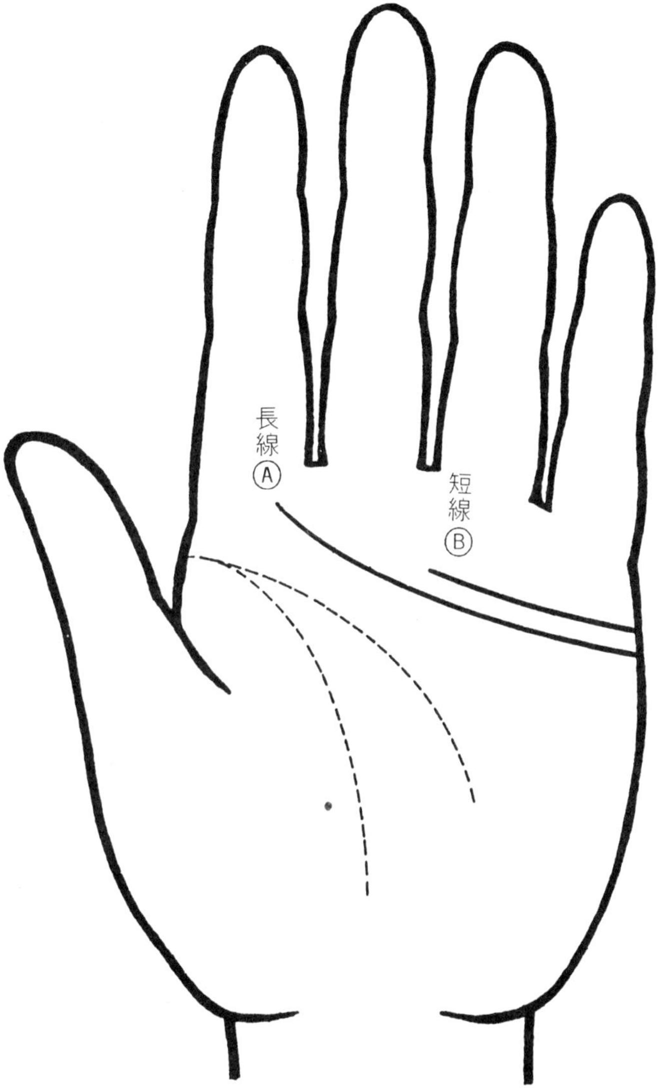

根據弧度大小分析感受性

我們可以從感情線的曲度，分析感受性的靈敏與否。

Ⓐ呈直線的線條是遲鈍而單純的類型

整體有如一直線時，是冷靜而富有冷峻的感受性。但這是較好的解釋，即使有異性表示好感，卻毫無所覺的遲鈍者。而且，感情的表達方式非常單純令人稍嫌不足。

在社會生活中，行事作爲富有理性，絕不會亂了分寸。

Ⓑ呈圓弧狀是圓滿的熱情家

朝上成弧狀的感情線，是熱情的人。感受性豐富，對各種現象有靈敏的反應且擅長表現。而且，具備優越的平衡感，絕不會行之過度。個性圓滿，感情的表達方式也圓滑。是心地善良的人。

Ⓒ線條紊亂是感情豐富的證據

感情線上有許多支線而顯得紊亂時，表示感受性豐富、擁有許多感情的受容器。連一般人所忽視的細微瑣事，也會當做親身的體驗而一喜、一憂。喜怒哀樂非常明顯而劇烈，但是富有人性、個性溫和的人。

4．反映心態的感情線

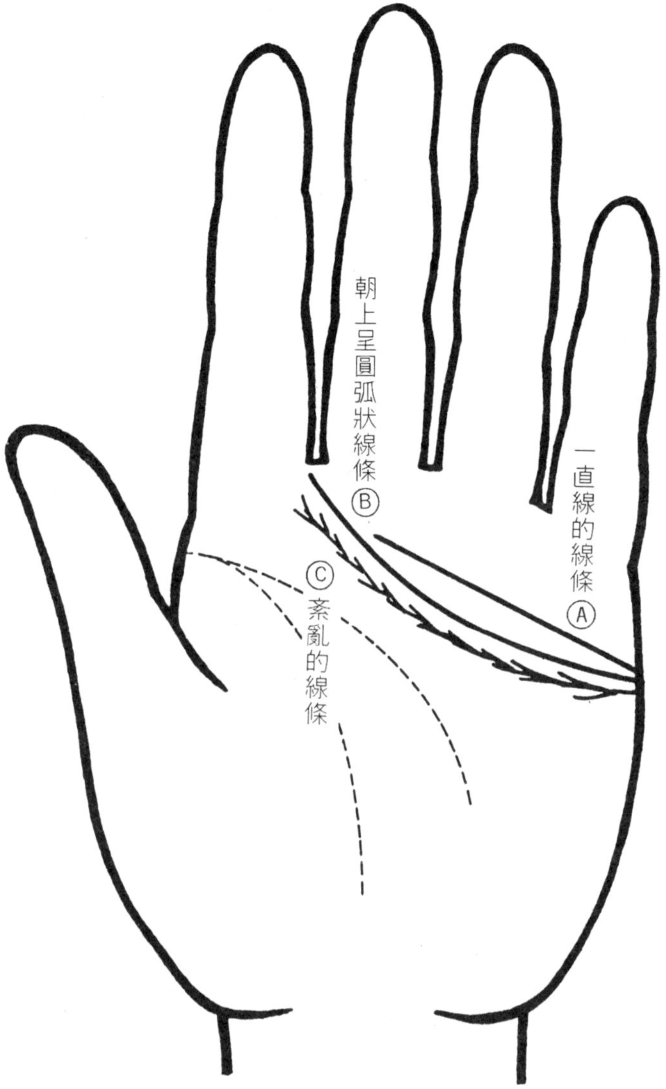

根據線條所劃分的面積分析重視精神面或物質面——

根據感情線所分割的面積大小，可以分析是物質主義者或精神主義者。在小指根部到手腕根部之間分成四等份，標準位置是出發點距離手腕四分之三的位置。

Ⓐ標準類型是平衡適中

對物質或金錢有適度的執著心，也重視精神與感情生活，物質與精神取得平衡者。這種人最適合生存於現實的生活中，也是最佳的結婚對象。

Ⓑ面積狹窄者是物慾萬能、金錢主義

出發點位於標準以上，是認爲金錢萬能，甚至可購買精神、心靈的人。物質慾及性慾特強類型。適合朝事業家邁進，但露骨的金錢主義傾向恐怕會令對方產生不快感。若是女性，如果不改變心態，結婚恐怕是夢想中的夢想。

Ⓒ面積寬廣者重視心靈、精神主義

出發點位於下方，是追求精神面充實的類型，乍看下予人自命清高之感，實際上難以應付現實生活。即使有錢財上的盈餘，也會使用在交際上或花費在飲食、藝術鑑賞等精神面的充實，最後落得兩袖清風。在愛情方面是最佳的情人，但婚後卻會令對方大吃苦頭。

4．反映心態的感情線

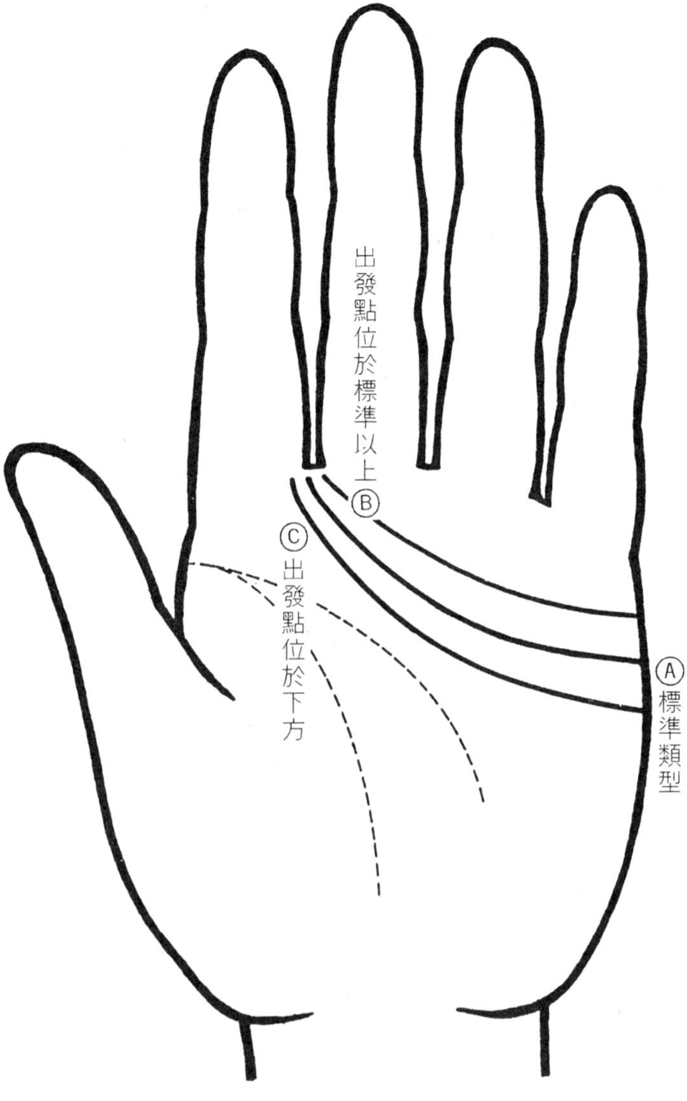
出發點位於標準以上
Ⓑ
Ⓒ
出發點位於下方
Ⓐ
標準類型

根據終點分析貢獻度

觀察感情線走向的終點，可以掌握對婚姻所抱有的印象。

Ⓐ位於食指與中指間具有強烈的家族愛

這種人具有強烈的家族愛，重視丈夫、兒女。屬於典型的賢妻良母，和所謂的紅杏出牆一概無緣。同時，具備重視實質而勝於外在的精神面，對他人也絕不受外在的裝飾或錢財的有無所左右。極厭惡邋遢者，建立堅實而穩健的家庭。

Ⓑ位於食指偏向中指側是奉獻型

爲心愛者全心付出的奉獻類型。不僅對丈夫、兒女，對公婆也盡心盡力。但一旦遭受背叛，所承受的打擊幾乎難以言喻。

Ⓒ位於食指的正中央具有崇高的理想

苛求對方而理想高的類型。但所指望的是比自己的層次更高的水準，因而意中人難以出現。

帶有潔癖，性格好，但因眼光過高而難以擁有婚姻。應該選擇與自己搭配的人。

4．反映心態的感情線

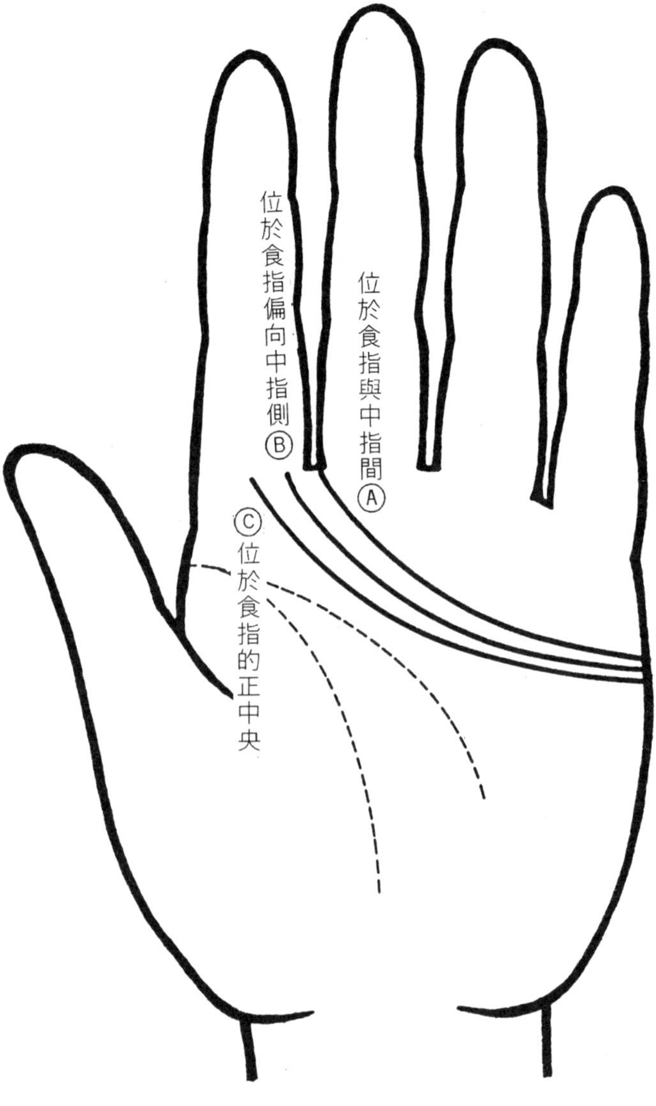
位於食指偏向中指側Ⓑ
位於食指與中指間Ⓐ
Ⓒ位於食指的正中央

根據終點分析愛情的表現法

愛情的表現有各種不同的形式。

在此根據感情線終點所在的丘，分析個人的愛情表現法。

Ⓐ到達土星丘者不擅長表達心意

感情線延伸到食指與中指附近而結束，會受深謀遠慮的土星丘的影響。

面對意中人的愛情表現顯得消極。屬於純情的腼覥者。

爲了避免錯失良緣，應鼓足失敗也無妨的精神積極追求。

Ⓑ到達木星丘者支配慾強、嫉妒深

受支配慾強的木星丘的影響，在男女間的交往上煞費苦心的人。

由於對感情放得深，又強烈渴望對方也能像自己一樣地釋放愛情，因而必須隨時確認彼此的愛情，否則會感到不安。當對方處於自己的掌控中倒相安無事，但只要對方的意念稍有一轉，愛情的力量會迅速化爲憤怒的火花。

所謂「由愛生恨」，這樣濃烈的愛情反而會招來嫌棄。

4．反映心態的感情線

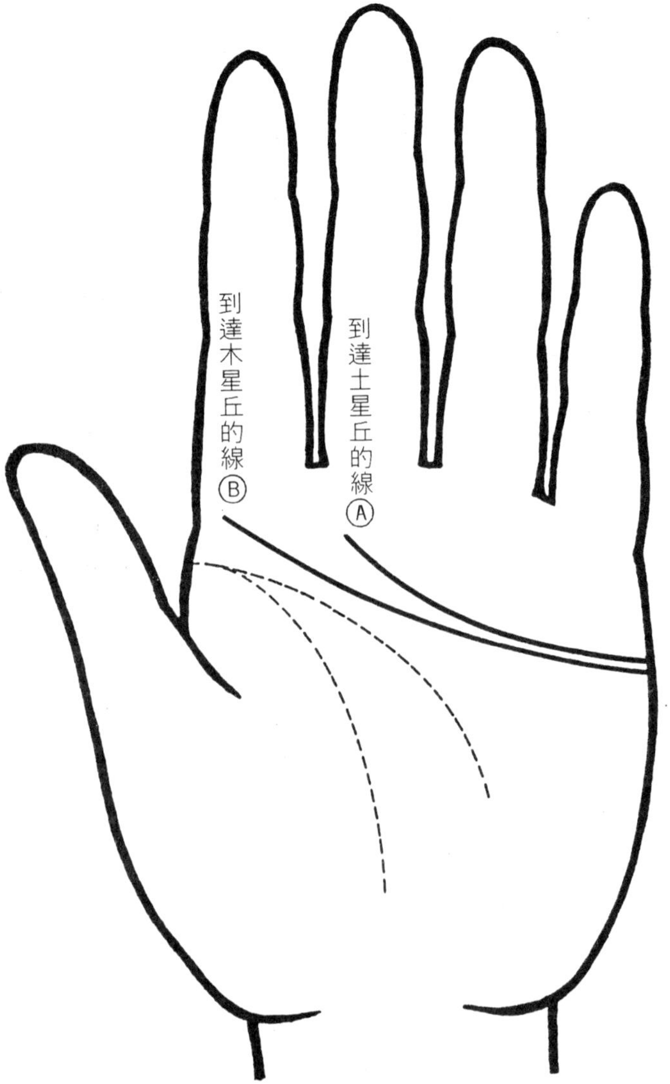

根據終點的型態瞭解愛情類型

位於食指與中指間的感情線，尾端分叉爲二或三，可以分析所投注愛情的對象。

Ⓐ擁有理想之愛的「二分叉」

這是從幼小在家人與朋友的呵護養育下，從不懷疑他人而形成現今極爲難有的人格者。

誠實而敦厚的人品使其不得不愛衆人。而當事者本身也是愛情豐富者，婚後會對家人傾注所有的愛情，雙方都可獲得彼此關愛而幸福的家庭生活。

Ⓑ雖是八面玲瓏卻受人喜愛的「三分叉」

支線多是表示心思細膩又情意多。性格開朗從無掩飾，受到任何人的歡迎。

感情呈多方面的博愛型，一視同仁。

對待情人或朋友也以同樣態度應對。可稱得上博愛主義者，也可以說是八面玲瓏者。

唯有在選擇配偶時會感到困擾。具備在任何人身上都能發現優點的才能，因而無法從中做選擇。一直保持這樣的態度恐怕一生無法結婚。

4．反映心態的感情線

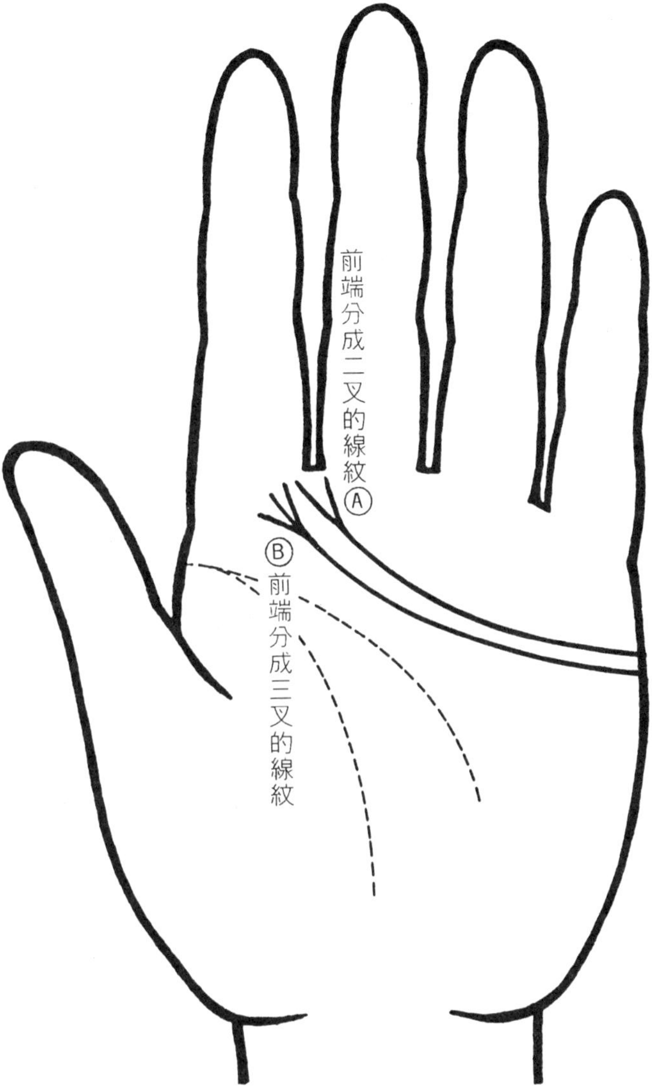

分析是否在愛慾中沉淪的類型

無法用理性畫分的是感情，而其中的愛慾是和理性不同世界的意念。沉淪於愛慾是件可悲的事。我們就根據感情線做類型分析。

Ⓐ什麼都不要只要身體

終點進入土星丘的正中央，是以身體爲目的的人。而且，情愛表現以自我爲中心，完全是在佔爲己有的征服慾下所採取的行動。愛情淡泊的類型。

Ⓑ年輕時常有愛情糾紛

金星帶在中指下方碰觸感情線時，暗示年輕時常有愛情方面的糾紛。如中、高中時代未婚懷孕引來騷動，或造成三角關係的糾葛令父母大傷腦筋之相。當事者倒無所謂，但周遭人已受不了。

Ⓒ感情被玩弄

感情線在中指下突然彎曲進入土星丘時，富有強烈的同情心，屬於好好先生而無警戒心。無法拒絕他人的請求，結果一步步踏入陷阱的類型。

Ⓓ性慾強，夜夜春宵也無妨

4．反映心態的感情線

進入太陽丘是只有性慾。嗜性強，恐怕變成生存的目的。但若有清晰漂亮的智慧線則另當別論。

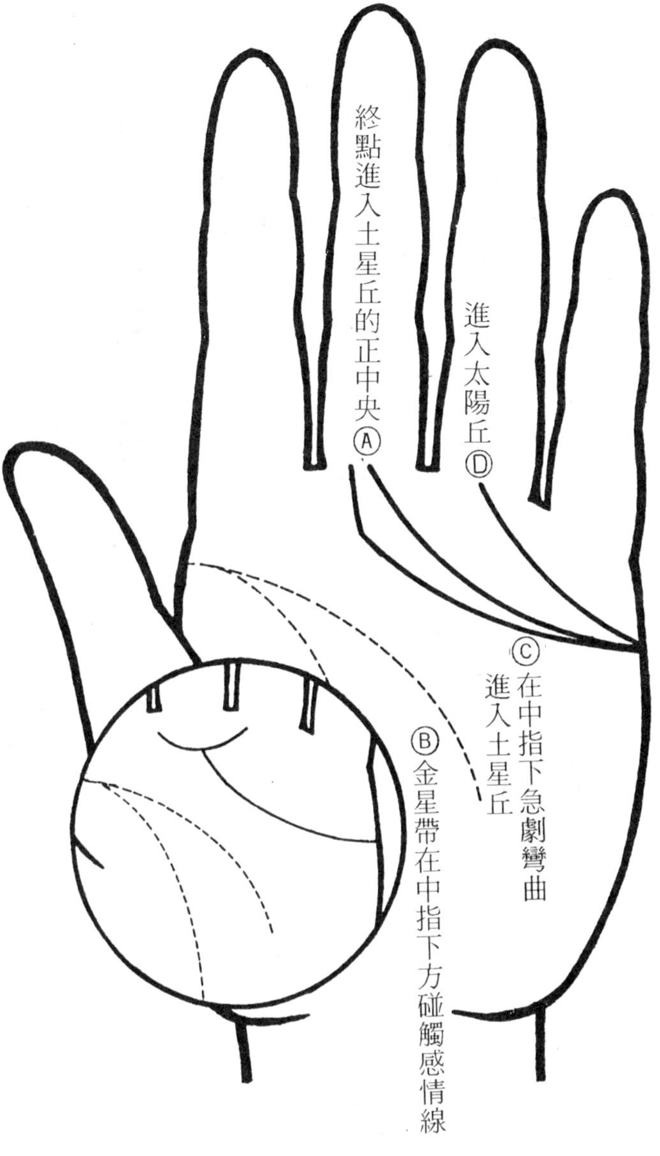

分析重視金錢或愛情的類型

與金錢相關的是水星丘。它位於小指下方。感情線的出發點越接近小指，越具有強烈的金錢慾。我們根據這個基準來分析。

Ⓐ本利討回

感情線的出發點在小指下，然後以極度的曲線彎延而出，使得小指與感情線之間的面積極度地狹窄。這種類型談起戀愛必會索回成本。

不論男女，一定會以某種形式索回花費在情人身上的金錢。

Ⓑ錢財散盡即是分手之時

如果小指下側的感情線出現斷裂，表示愛情會因金錢上的問題而出現破綻。

向對方要求物質上的供給，因此而分手，或在對方有金錢上的接濟時相安無事，一旦錢財散盡即另尋他歡。事實上原本就無愛情可言。

Ⓒ物質勝於愛情

感情從小指根部而出，是極端的物質主義者。愛情不重要，更重要的是物質、金錢。談戀愛爲的是金錢，而以戀愛的遊戲接近有錢人。金錢才是人生的一切。

4．反映心態的感情線

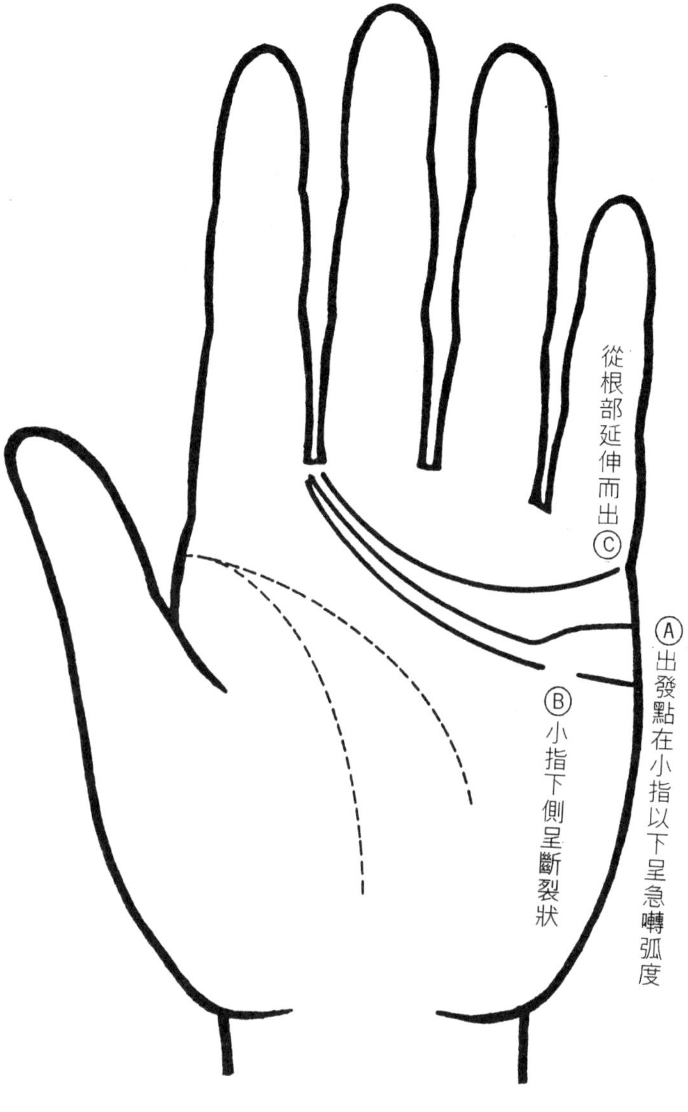
從根部延伸而出Ⓒ
Ⓐ出發點在小指以下呈急轉弧度
Ⓑ小指下側呈斷裂狀

工作與愛情孰重的類型

在女權漸漸抬頭的現代，婚後仍然繼續工作的女性已成普遍的現象，所以，女性也經常問卜工作運。在此就爲各位介紹女性的工作運。

Ⓐ工作運太好而錯失愛情

有一條延著感情線並行的線紋，此種類型稱爲雙重感情線。擁有這種手相者是精力十足的熱情家，強運籠罩著人生。若是女性卻是太強之相。不倚賴他人完全憑自立更生。從這一點看來，可在工作上功成名就，家庭運卻不好。

Ⓑ以工作爲第一的職業婦女型

雙重感情線中有一條連接著智慧線時，是道地的職業婦女。換言之，不僅確實地維持家庭生活，也能將工作處理的妥當。處事牢靠，是公司裡不可或缺的人才，必相當活躍。

Ⓒ初戀沒有結局而全心投入工作

雖然擁有難得的雙重感情線，但其中一條呈金星帶的形狀。這種人極缺乏理性與感情的平衡感，動輒失去工作與生活的協調性。天生屬於浪漫性格，雖然有意貫徹初戀情懷，卻無法持守而全身投入於工作中。

4．反映心態的感情線

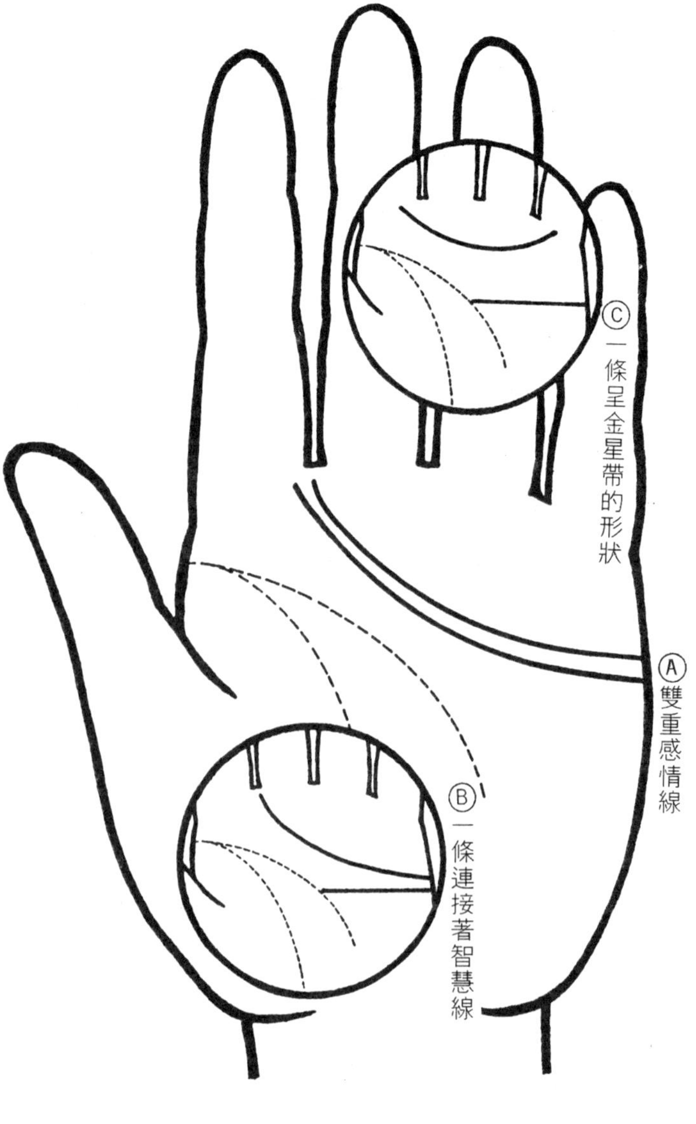

Ⓒ一條呈金星帶的形狀
Ⓐ雙重感情線
Ⓑ一條連接著智慧線

根據異常線分析悲傷的愛情

介紹一些稍微特殊的感情線。不僅是感情線，一般而言，上升的線紋屬於吉相，下降的線紋則是凶相。

Ⓐ難以忘懷初戀人

感情線的支線若進入生命線的內側，即使經過數十年也一直無法忘記初戀人。

Ⓑ左顧右盼的風流相

感情線呈波浪者，心情起伏不定、朝三暮四。即使已有情人，一旦發現另一個意中人即轉移目標，屬於先天性的風流症。

Ⓒ容易動情而隨波逐流

感情線的末端急轉彎下降時，會和程度比自己低的人結婚。尤其是並不喜歡的對象卻因對方熱烈地追求，結果動了情成爲其俘虜，感情上的這個弱點是最大的難處。

Ⓓ感情暴露的歇斯底里症

感情線斷斷續續，是精神狀態不安定的人，一會兒談笑自如，一會兒變得歇斯底里。

Ⓔ風流症的多戀人

感情線呈鍊鎖狀者，具有吸引他人的魅力，戀愛經驗多。但感情起伏甚大，分手也快。屬於風流症。

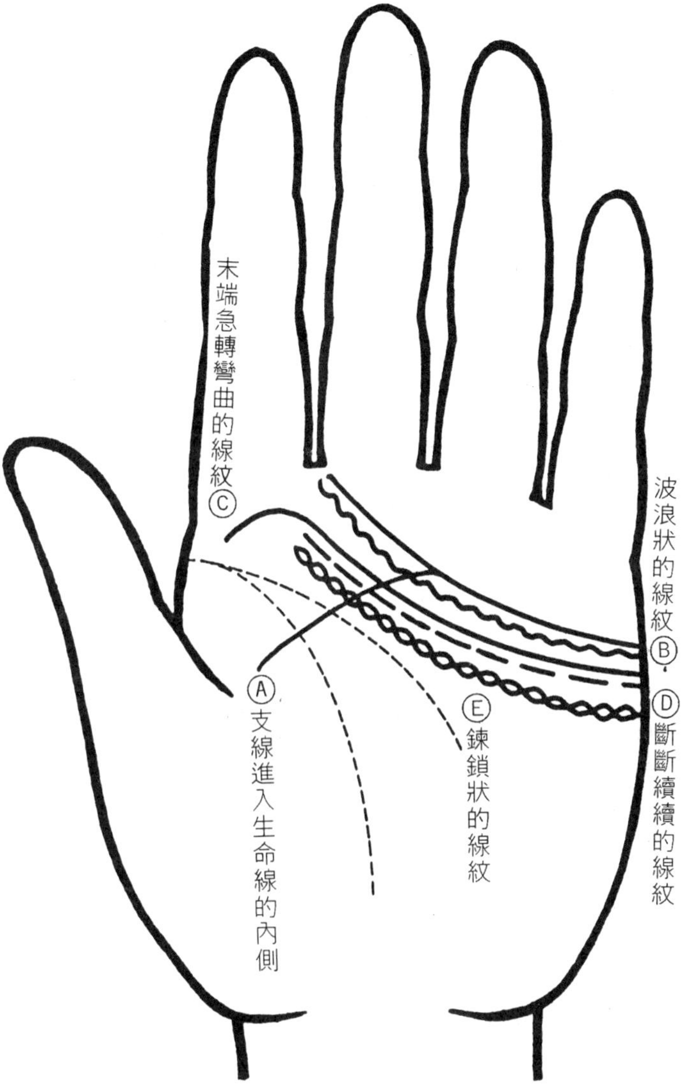

根據特殊的線紋分析失戀的原因

我們可以根據感情線是否在途中斷裂而分析失戀的類型。誠如其他線紋呈斷裂狀是凶相，斷裂的感情線也意味愛情的破綻。但是，如果線條又銜接一起，暗示有下個愛情的發生。但如果又經歷別離，線條即會斷裂。線紋是根據每天的狀態而改變。

Ⓐ自掘墳墓的任性

在無名指下側斷裂的感情線，是因性格上的缺點而造成失戀之相。這種人認爲自己的想法絕對正確，帶有獨善的傾向，從不聽信他人之言。

加上個性任性，若不順遂己意則不干休。這種態度自然無法留住情人，可謂自作孽不可活。如果不經歷挫折，也許無法培育愛情。

Ⓑ揮淚分手的羅蜜歐與茱莉葉型

感情線若在中指下側斷裂，暗示因某種事情（經濟上的事情、疾病、事故等）分手。

對當事者而言，既是與心愛者分離，自然會有椎心刺骨之感。但具有從失戀中振作，再度發展另一番戀情的勇氣。

4．反映心態的感情線

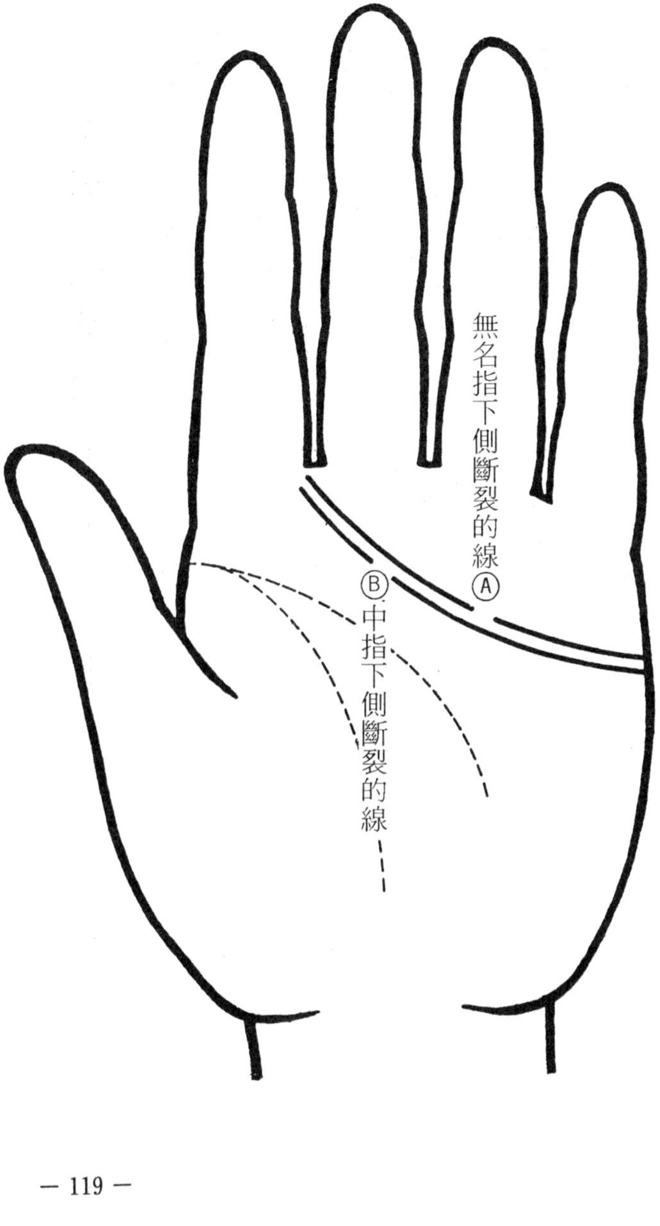

不吉的記號暗示別離

手相上出現的島紋或叉、井字號都是凶相。但是，不要因此而失望。因爲，只要依照暗示而努力即可避開凶相。

Ⓐ**末端的島紋是暫時的別離**

感情線的末端出現島紋，暗示和情人暫時的別離。原因是感情上的磨擦、對方偶發的偷情等精神上的問題。也有可能是搬家或升學、就職等單純的物理上的原因。

Ⓑ**支線的島紋表示打擊的大小**

感情線的支線若有島紋，請注意看是朝下或朝上。若是朝上倒無問題，若是朝下是暗示因對方背叛的行爲而受到嚴重的傷害。

Ⓒ**無名指與小指間的島紋是抬不上台面的情人**

戀愛的對象是已有妻室（丈夫）者，只能變成情人的立場。

原是追求刺激生活的人，也許反而享受這樣的戀愛。所以，即使結婚也難以持久。

Ⓓ**十字或井字是與情人別離**

暗示與意中人在熱戀中卻因某種緣由分離。理由雖不明確，但通常是決定性的分手。

4．反映心態的感情線

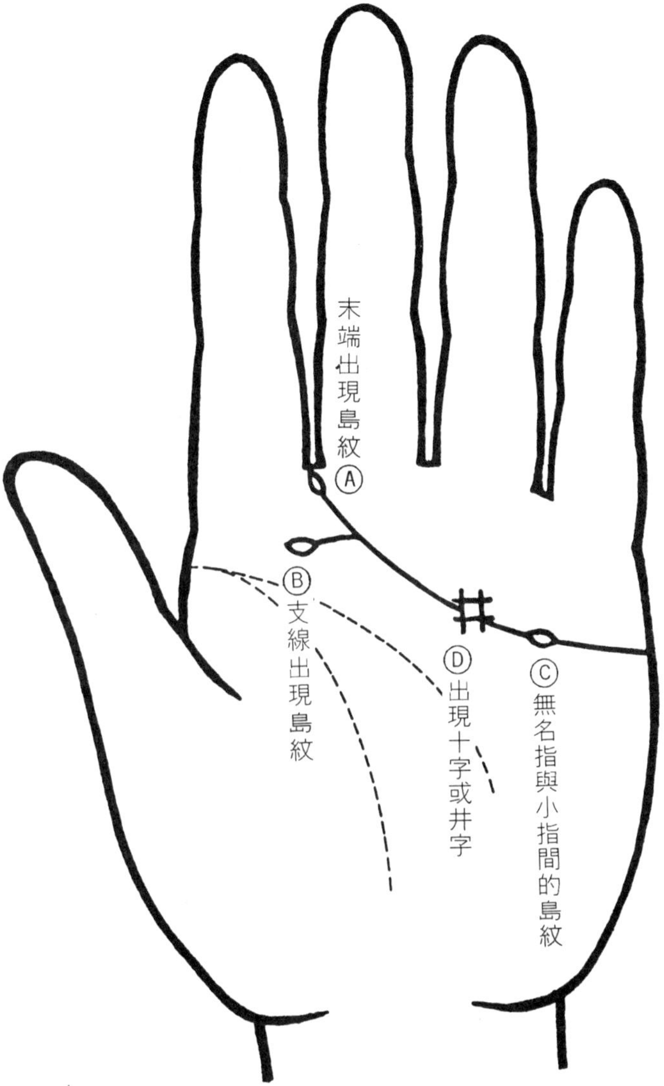
末端出現島紋Ⓐ
Ⓑ支線出現島紋
Ⓓ出現十字或井字
Ⓒ無名指與小指間的島紋

●軟手或硬手

一般而言，女性的手或肥胖者的手較柔軟，而男性與瘦削者的手較為堅硬。

●柔軟的手雖愛作夢卻富有感情

雙手柔軟的人外表看起來親切、善良。平常散發著愛作夢的氣息，而實際上也是浪漫的性格。

不過，有時會暴露令人難以理睬的任性，表現專斷自為的性格。一旦決定的事絕不受人干涉。

對事物會做各方的設想卻缺乏實行力，即使採取行動也難以持續而立即挫敗。挫折後會極度消沉，非得讓周遭者為之騷動否則不干休的人。

●硬手是踏實的老實派

不僅是手硬，個性也踏實。從好處解釋是堅忍不拔的人，個性保守，絕對信從自己的意見。

很難採納新的感覺或觀念，也不擅長與人交際。

手硬是踏實的人

5

告知基本吉凶的命運線

判斷障礙吉凶的命運線

●沒有命運線者過著平穩的一生

命運線一般是從手腕上方出發，延伸到土星丘的線紋。出發點在月丘或金星丘、生命線等不一而足。而根據出發點的不同也有意義上的差異。但也有人手上並沒有命運線，這是表示度過平穩而不引人注目的人生，並非缺乏運勢。

●告知人生的轉換期或社會上的運勢

根據命運線可以瞭解人生中那個時期會以何種形式出現轉換期，或在工作上有升官的運勢、事業是否成功、戀愛或結婚的時期、是否有貴人相助以及兄弟的影響等，呈現多樣化。但最重要的還是社會上的運勢。

這些並不只根據命運線做分析。也會受出發點、支線、終點的丘等的影響。尤其與命運線關係重大的太陽線其型態、手的大小、形狀也是分析的要點。手相必須綜合各個線紋的意義，及彼此相關部份的意義做判斷。

I DON'T MIND

根據粗細與氣勢分析基本運勢

命運線也和其他線紋一樣，首先根據其粗細來分析運勢的強弱。

Ⓐ粗線紋是活力旺盛

命運線粗而有力的人，是對人生抱有極大的希望與野心。雖然也必須有相當大的努力，但這樣的人是以天地為伴，屬於強運之人。

若是上班族必會躍上青雲路，若是實業家會在工作上一舉成功。但人總會有一些疾病。從事大事業自然會經歷數次的低潮期。但卻能勇敢地超越。不過，如果女性有這樣的線紋要特別注意。體力、性格及意志都堅強的女性在家庭內會掌握主導權。最好擁有自己的工作，讓內在的熱情與野心朝外發洩。

Ⓑ細線紋是抬轎者

線紋細的人做任何事都不突出。

個性優柔寡斷又缺乏持續力，工作難有成就。並非運勢不佳而是努力不足。

如果將自己的境遇歸罪為運勢也無濟於事。倒不如貫徹抬轎者的支持力或輔佐地位，也許才能開拓運勢。

5．告知基本吉凶的命運線

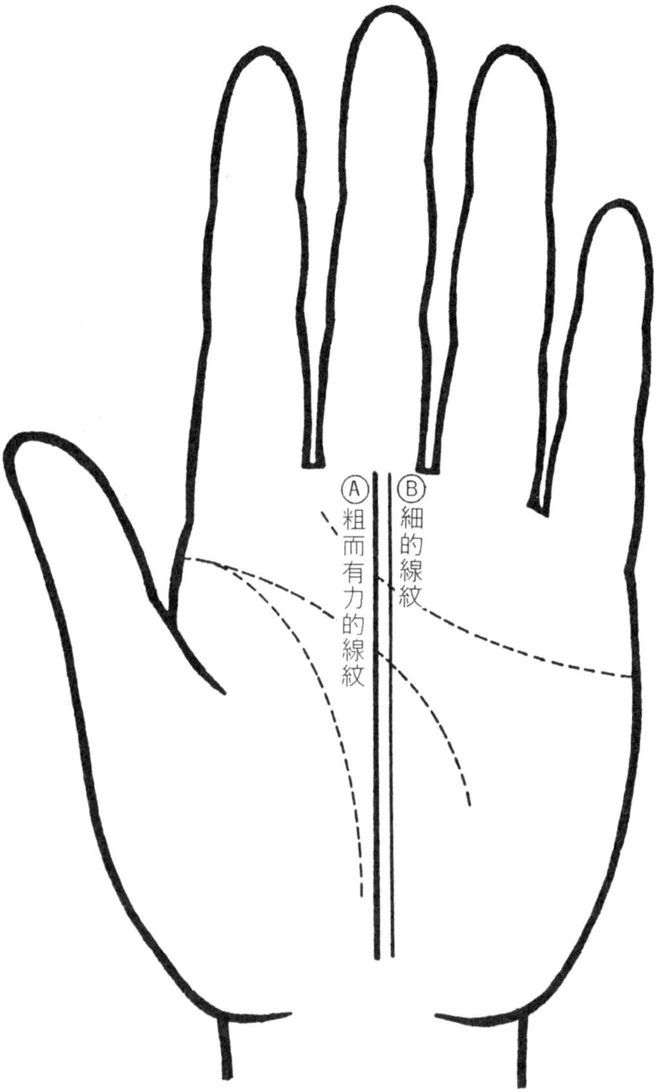

根據出發點分析開運的方法

我們無法選擇自己的父母。因此，人生的一部份已經由父母所決定。但這僅只一小部份。各位應該相信大部份的人生完全在自己努力的掌握下。

Ⓐ命運線起自手腕的正中央，將過著步步踏實的人生

生命線從手腕的正中央而出，筆直伸展的情況，表示家世好，在富裕的環境下成長，人生幾乎不必經歷苦勞而能步步邁進。

雖然生長在富裕的環境，想法觀念卻踏實，也擁有自己人生的信念，不過，多少會暴露大少爺出生的習性及以自我爲中心的態度。必須更積極地聽從他人的意見。

Ⓑ從生命線出發會憑自力開運

自己開拓勇猛無敵的人生。不倚賴任何人、事物，信任自己的能力與頭腦。運勢也非常強，不論處於任何環境都能想盡辦法達到目的。雖然碰到許多困難，卻能一一克服，有朝一日將會功成名就。

5．告知基本吉凶的命運線

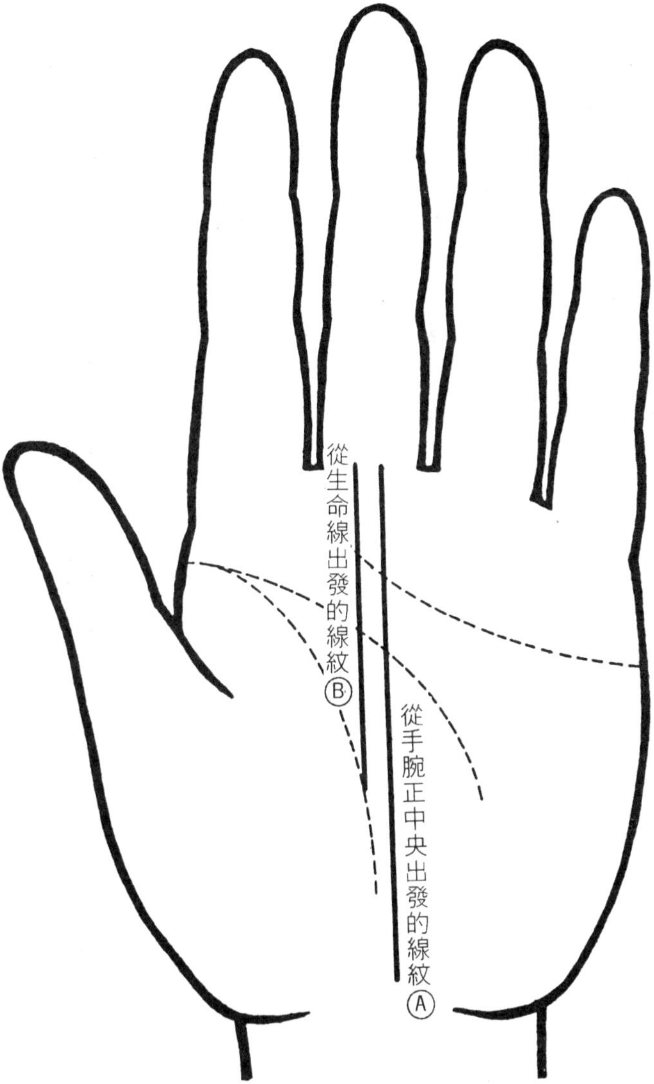

根據出發點分析獲得何方的援助

命運線的出發點，會根據其發源地而有不同的涵義。

Ⓐ從月丘出發者會因他人的援助而開運

出發點在月丘時，線紋本身又名爲「人緣線」，暗示在陌生人的援助下踏上成功的坦道。勤勉用功又有豐富的話題，再加上善與人交際的開朗性格，深獲衆人的喜愛。這樣的人品深獲上司或學生時代的恩師等他人的喜愛，自然會受其援助。適合從事以人緣爲業的生意買賣、服務業、推銷員等。重要的是不要忘了感恩的心，日益求新。

Ⓑ從金星丘出發者會獲得近親的援助而開運

由於金星丘代表近親，從此出發的命運線表示獲得近親的援助而開運。如父母、親戚或妻子的娘家，因人品與工作能力獲得賞賜而有這些近親的援助。

或者，遠親有遺產相贈，因親戚的協助而掌握成功之路的幸運之相。

正視對父母及近親者的顧慮，並留意保持親密的交往。

5．告知基本吉凶的命運線

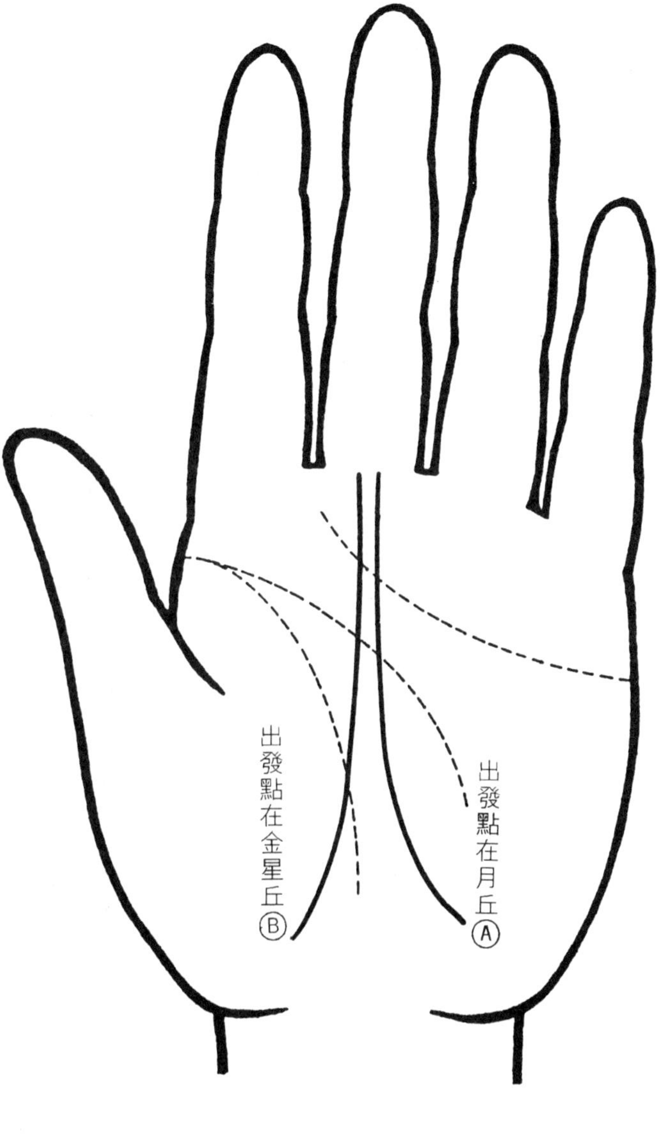

根據出發點分析開運的時期

世間事難以預料，有時積極努力也達不到成果，相反地，因緣際會下不費吹灰之力即成名。這類情況只能解釋爲運勢所趨。不過，若能瞭解開運的時期，也許較能忍耐長期打根基的生活。

Ⓐ出發點在手腕附近，從幼兒期即相當活躍

命運線從手腕附近筆直延伸的人，從幼小即是受人歡迎者。在學校應該也是學業、運動都頂尖的萬能選手。直到現在仍是活躍舞台的幸運人。

Ⓑ出發點起自智慧線者，中年期以後會成功

受智慧線的性質影響，才氣與智慧受到賞識，從中年期以後開始出人頭地。也許以往的想法、觀念符合時代的潮流。此後全看個人的努力與用功。

Ⓒ出發點起自感情線是大器晚成型

長期踏實地努力經營之後，終於在人生的後半獲得成果。十足的大器晚成型。臨死時才明白是否過著充實的人生。這種類型在成功後會過著幸福的日子。

5．告知基本吉凶的命運線

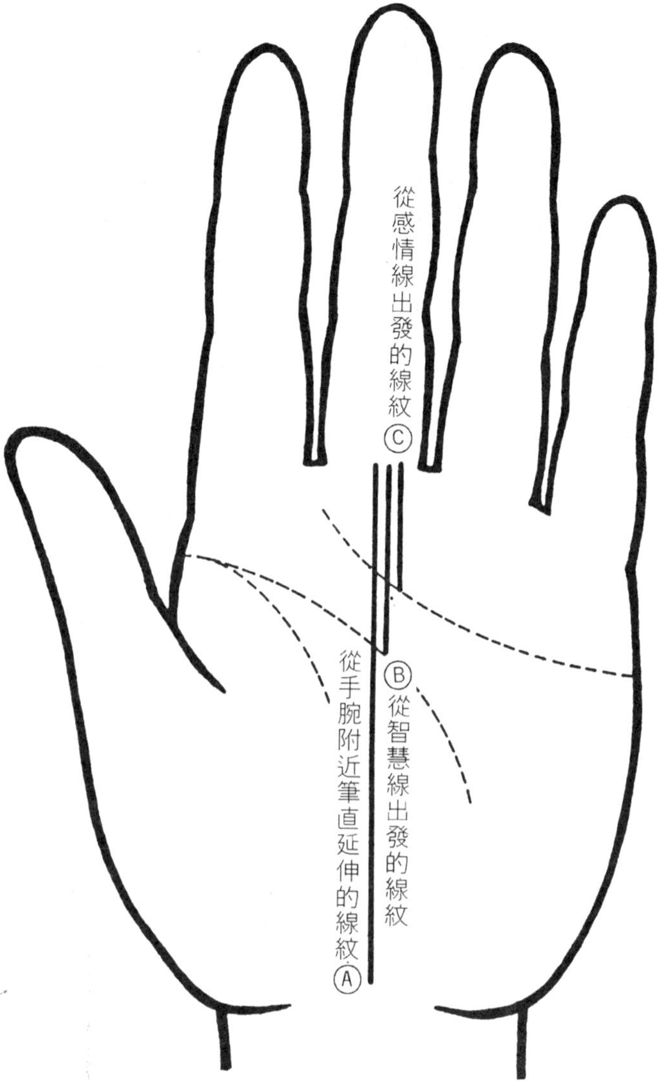

根據支線分析強運

支線會強化運勢。命運線的支線表示有開拓人生的協助者。

Ⓐ支線朝向月丘會出現贊助者

表示受月丘的影響而出現後台老闆或贊助者。又名「幸運線」的這條線會因贊助者的協助或提攜而開拓運勢。這是演藝圈人士或藝術家常見的線紋。

若是女性，可能暗示將釣得金龜婿，從而過著幸福的婚姻生活。

Ⓑ兩側出現支線表示有貴人相助

若有這個支線請注意年齡。這個時期會出現強力的貴人，輔助事業或工作。而因這個貴人的出現可能造成業績扶搖直上的結果。

Ⓒ雙重命運線能博得名聲與地位

誠如前述的雙重智慧線或雙重感情線，命運線的旁邊有一條並行的線紋，即代表雙重命運線。它的意義會加強命運線原有的含意。

雙重命運線不僅能強化運勢，也可以獲得權力、地位、名聲、財富等人們所想要的一切事物。

5．告知基本吉凶的命運線

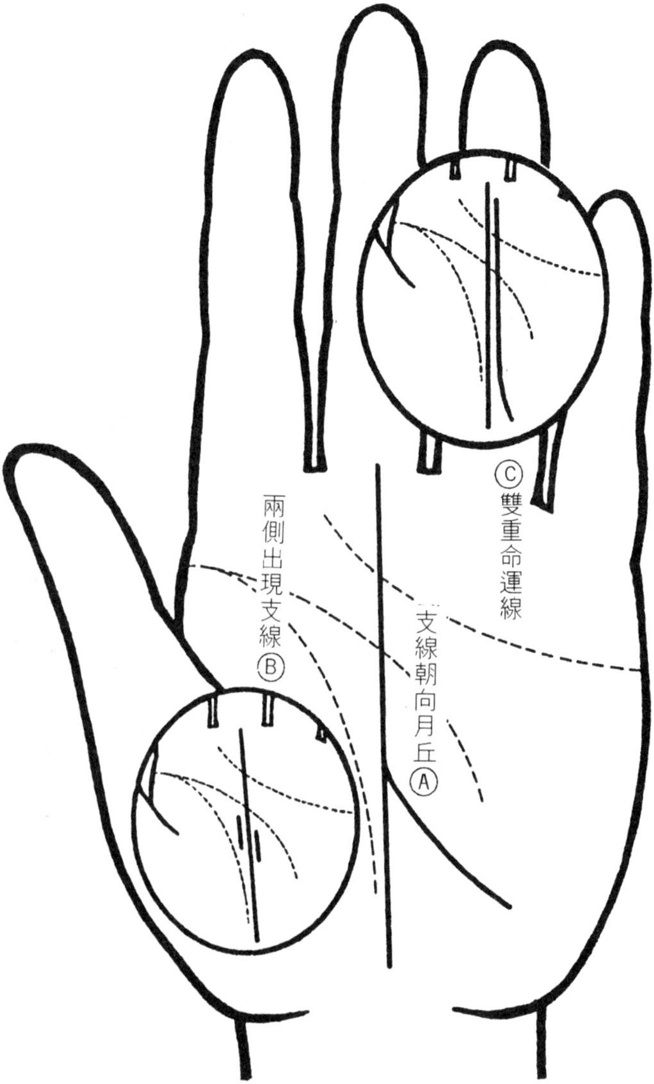

根據線條的方向辨別獲得成功的職業——

世界上沒有比從事自己喜愛的工作而獲得成功更幸福的事。但有這樣的機運的人並不多。我們根據命運線所朝的方向來分析可獲得成功的職業。

Ⓐ朝向水星丘事業必可成功

受水星丘的影響，從事商業買賣，或有關科學、社交等工作必會成功。最適合的職業是情報產業或與人交談、會晤的工作。而且具備商才，可因事業獲得成功、建立財富。

Ⓑ朝向太陽丘可在藝能相關業獲得成功

受太陽丘的影響，可從事藝能相關業或藝術家……小說家、畫家而一舉成名。不論從事那種行業都能獲得人望。除了演藝圈之外，在難以成功的藝術相關業也佔有一席之地，若著書將會列入暢銷榜，應可以同時擁有財富與名聲。

Ⓒ朝向木星丘會在從事的業界成爲大人物

受象徵支配、名聲、野心或權力的木星丘影響，目前從事的工作必會成功。而且，將是該業界的首腦人物，除了擁有名聲與財富外，必會以權力者的姿態君臨天下，支配著相關業者。權力乃是擁有這條線者的最終目標。它表示希望得以實現。

5．告知基本吉凶的命運線

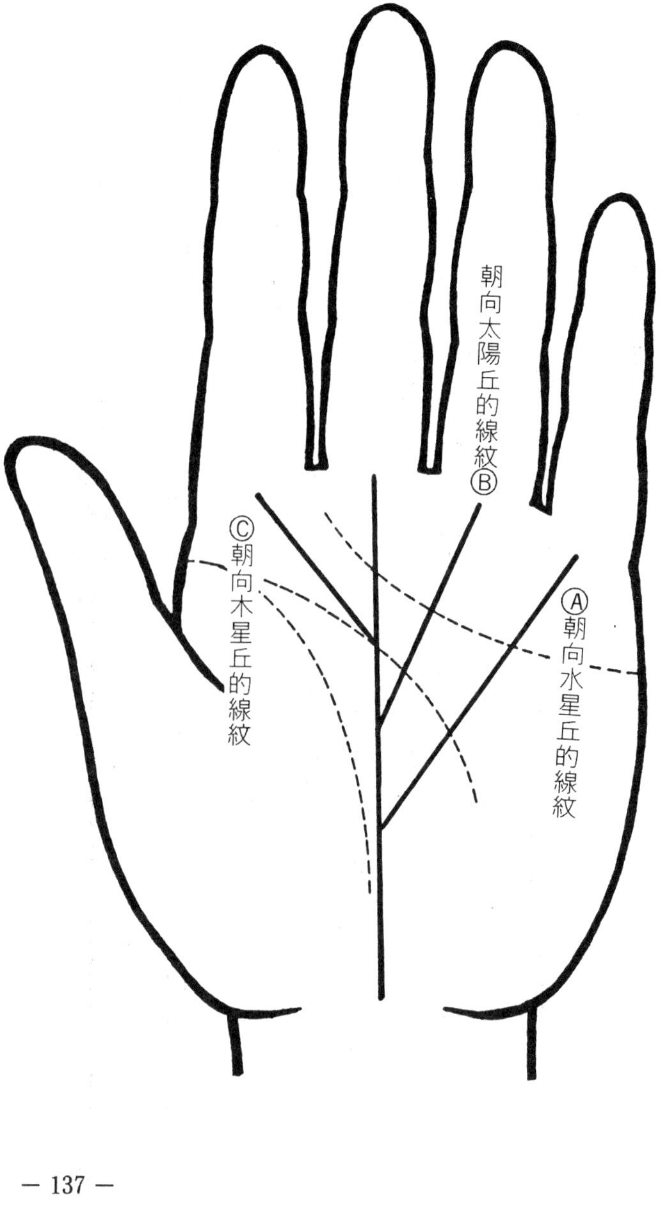

根據終點迅速掌握失敗的原因

原本一帆風順卻因微不足道的失敗而險些喪命，這是最悲慘的狀態。以下根據命運線來解析失敗的原因。

Ⓐ停止於智慧線是判斷過失

天生聰明又有自信的人。但由於過份自信而不採納他人的忠告或建議。而生性也有其草率面，常逕自斷定或胡亂解釋。這種人的失敗在於不聽他人的諫言。

Ⓑ止於感情線是感情糾葛造成失敗

感情起伏大、表情豐富的人。雖然明白事理，卻因感情超越理性而暴露出來的人。而且一切情緒形於色，又在意對方的想法，往往因此蒙受損失。這樣的癖性是工作造成失敗的原因之一。加上用情深，會因愛情關係的糾葛而對工作造成影響或名譽掃地，造成自掘墳墓的境地。

Ⓒ命運線途中停止則運勢也停止

小時了了大未必佳的類型。幼時才能過於顯露，爾後無法順應潮流而落落寡歡。由於年少時未曾遭遇挫折，因而難以振作回復。

5．告知基本吉凶的命運線

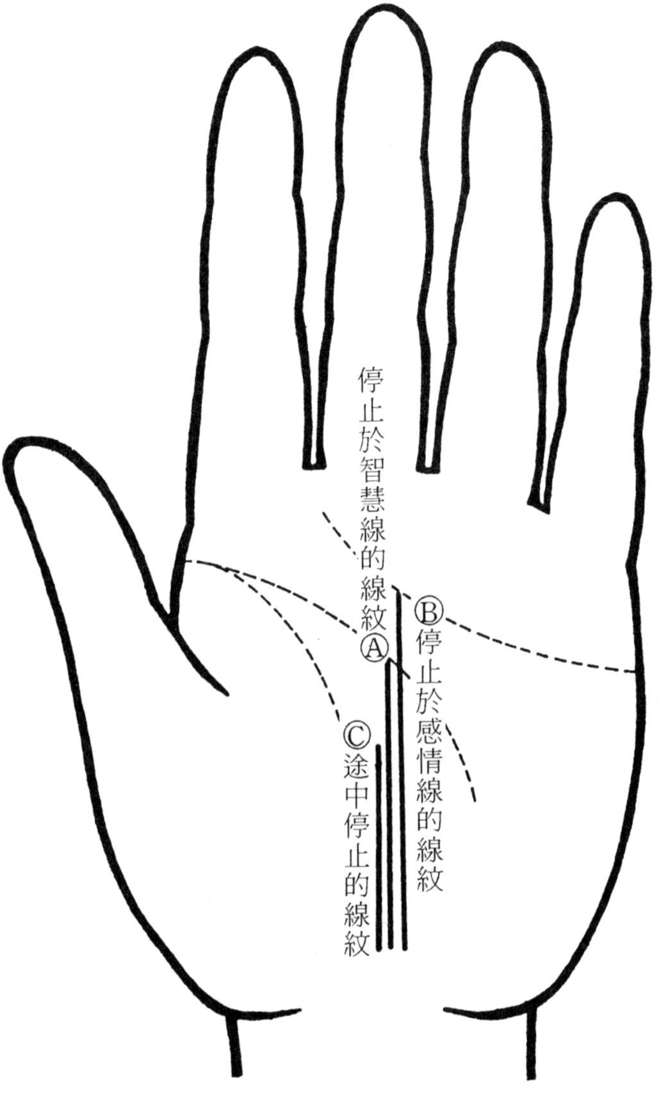

根據線條的斷裂分析凶相

線紋斷裂是凶相。命運線斷裂乃是人生一大要事。在此爲各位分析其內容及因應之策。

Ⓐ途中斷裂是處於人生的低迷期

斷裂的空間表示人生處於低迷的時期。斷裂處越大暗示低潮期越長，較短的裂痕表示暫時的消沉。

而以斷裂處爲界線，命運會呈現極大的波動。換言之，斷裂前的線紋顯得薄弱，是年輕時懷才不遇。後段的線紋薄弱則是中年以後將過著寂寥的人生。

Ⓑ斷斷續續的線紋是精神欠佳的狀態

做任何事都無法持久。意志薄弱而本人也缺乏幹勁。和所謂的意氣或耐性無緣的人。

這種人時運不佳。除非自己肯努力，否則一事無成。

Ⓒ斷裂成重疊狀是向新工作挑戰

每次轉職運勢即變強的珍貴之相。因爲，面對新的職務必會努力地習慣，並獲得賞識。如果斷裂處的線紋顯得粗大，暗示朝新的工作挑戰。

5．告知基本吉凶的命運線

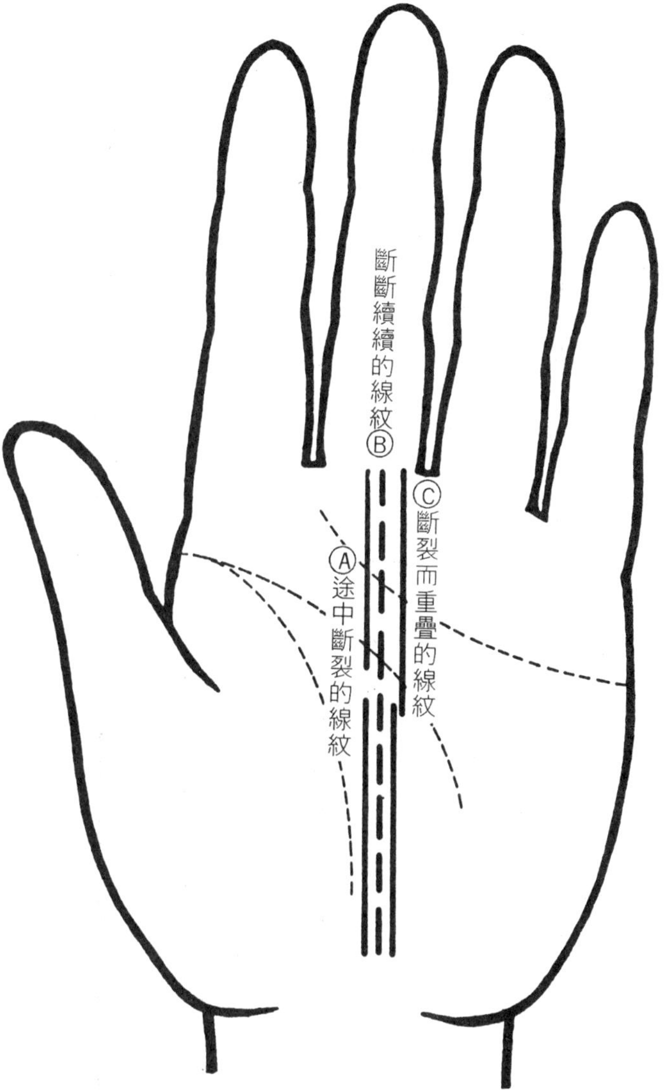

根據島紋的位置掌握歼運

人的運勢失調時會出現島紋。只要看見島紋最好檢視自己的周遭環境，分析是否有造成重大打擊的要因。未雨綢繆，最好每日詳細觀察。

Ⓐ出發點有島紋是兒童時期的歹運

出發點表示幼年時代。幼年時代若與父母、兄弟離異或經濟拮据、體弱多病等不幸，常會出現島紋。

Ⓑ命運線與智慧線的交叉點出現島紋暗示損失

因看錯或估計錯誤而蒙受重大損失的暗示。譬如，股價暴跌或原以爲可大獲利市而購得的土地卻因某些因素變得不值錢，主要是金錢上的損失。也有可能是事業觸礁。

Ⓒ命運線與感情線交叉點的島紋暗示被背叛

暗示被深愛的人或信之不疑的朋友或工作伙伴背叛。由於完全地信賴對方因而承受的打擊極大。幾乎無法振作起來。

Ⓓ前端的島紋是失去重大物品的象徵

失去一切累積而來的事物。如人際關係、金錢等。可能在往後的一生變得窮苦潦倒。

5．告知基本吉凶的命運線

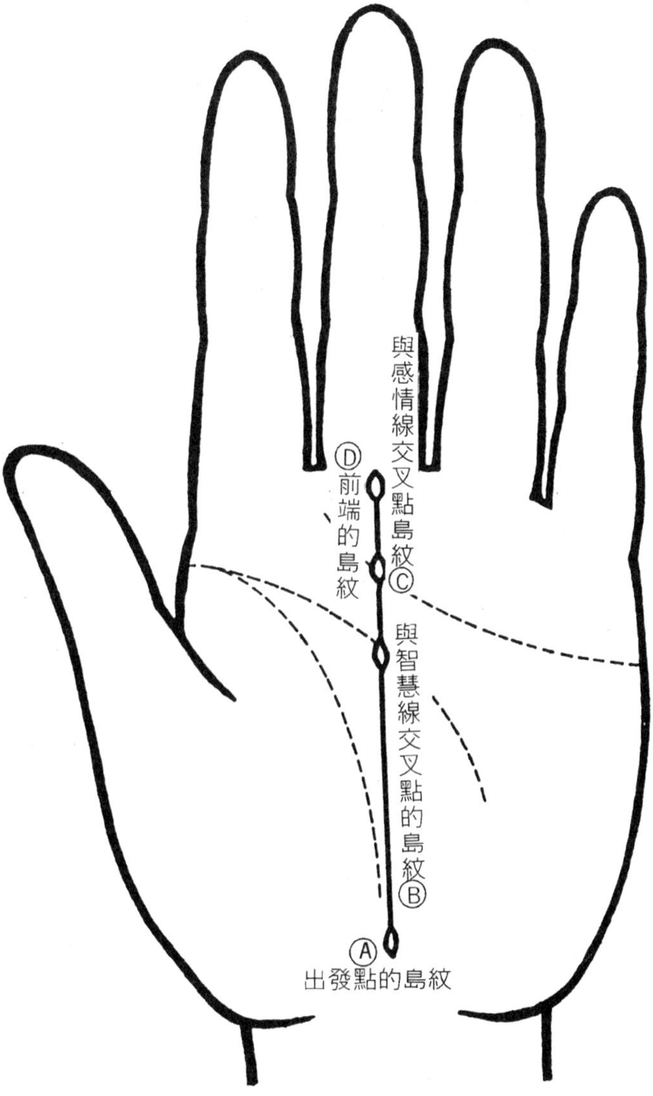

留意異常的記號

蛇行的線紋、鎖鍊狀或十字、星型都是不吉的記號。但請不要爲之失望，應該修正正要邁向不良方向的運勢。只要修正軌道即可化凶爲吉。

Ⓐ蛇行的線紋是陷入落伍者行列的暗示

沒有人生的目的，隨波逐流的類型。剛開始還勉強爲生，慢慢地失去工作的意欲而辭職或沉迷於賭博。一旦踏錯一步即可能淪入落伍者的行列。最重要的是找到自己的目標。

Ⓑ鎖鍊狀是疾病的暗示

以一毫釐左右的間隔呈鎖鍊狀的線紋，表示在交錯成鍊狀的期間會因精神障礙或疾病而苦惱。只要這些障礙治癒，鎖鍊狀的線紋即會消失。

Ⓒ縱線是暗示徒勞無功

命運線到達土星丘附近若有許多的縱紋，表示再怎麼努力也難以獲得回報。非但如此，可能因所做所爲而喪失原本辛苦經營的一切。

Ⓓ十字與星型是遭逢災難的暗示

暗示會遭逢意想不到的災難。請避免涉足危險的場所或自己的腳步。

5．告知基本吉凶的命運線

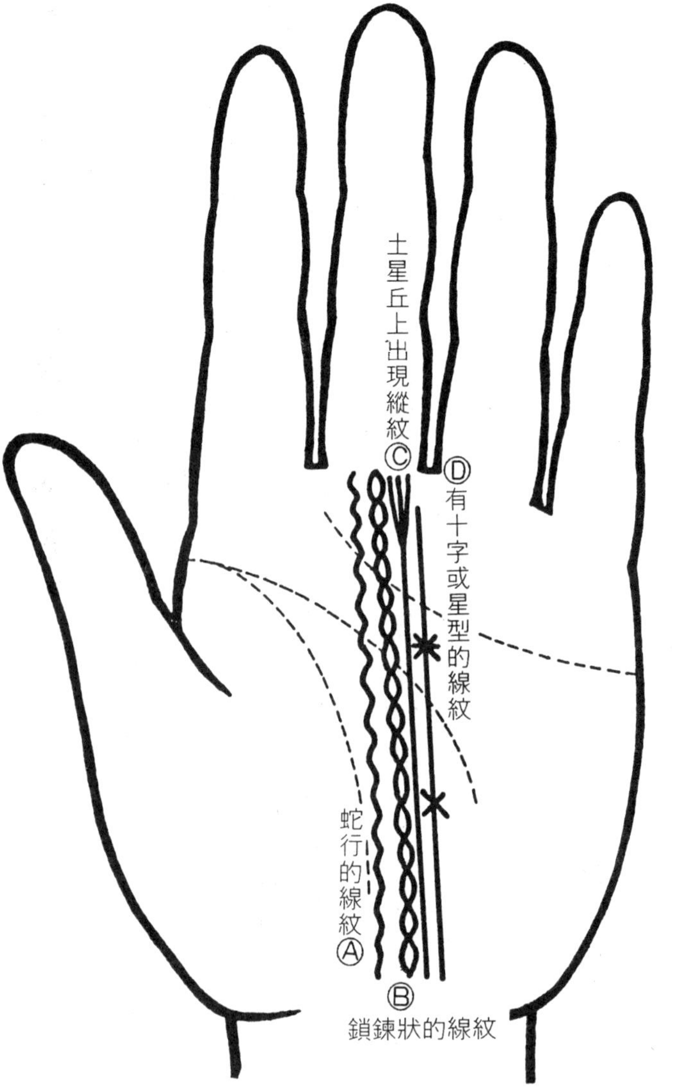

●指頭的長短是精神世界的表態

從手腕最上方的橫線到中指的指根之間，其長度的四分之三是中指的標準長度。可以藉此判斷手指的長短。

●長指是心思細膩的人

長指和外觀一樣是細膩而細心的人。傾向於沉迷於自我世界的類型。細膩的手能發揮手指的靈巧性，羅曼蒂克的一面適合藝術方面的工作。

●短指是按捺不住的活動家

指頭短的人是現實主義者，凡事都劃分的一清二楚，從這一點而言是相當單純的性格。雖然不擅長坐辦公桌的工作，但從事在外活動的工作，可謂天下無人可比。

●指尖也能瞭解性格

尖頭形的指尖是浪漫主義型，情緒高低起伏，而圓椎形是溫厚的人品，卻有點草率。

瘦骨嶙峋的指尖是以自我爲中心的努力奮發型，四角形則是踏實的勞動者，細長形是積極的精力充沛型，這是根據指尖的形狀所作的分析。

指頭短富活動力

6

受人歡迎者
具有太陽線

出現太陽線必可成功

朝太陽丘上升的線紋是太陽線。如果在手掌上發現此線，應慶幸出生於如此幸運的星下。

太陽線別名「成功線」，它表示人緣、人望、名譽、財運。年少有爲或所謂的青年實業家，手上必有粗而清晰的太陽線。

目前活躍舞台的歌手或明星、一流的運動選手也一定有太陽線。

而太陽線和命運線之間的互動關係也是重要的分析點。

太陽線和命運線是表裡一體。命運線所表現的是在公司裡的升官或事業的成就，而太陽線則表示人望、人氣等心靈的信服度。兩者俱備成功必在望。

相反地，如果有清晰的太陽線但命運線卻薄弱，即使年少已擁有響亮的名聲，也無法持久。

出現在影視週刊特別報導中的「影視名人回顧」特輯上的，應屬於這種類型吧。

6．受人歡迎者具有太陽線

太陽線長表示二十年代即當董事長

首先請測量太陽線的長度。

有些人的太陽線直貫手掌，而有的只位於太陽丘。其長短是瞭解成功的第一關鍵。

Ⓐ從幼兒期即是幸運兒

長而清晰地深刻在手掌上的太陽線，表示此人從幼兒期即不同凡響。深受父母疼愛、獲得師長的垂青，朋友中最受歡迎者。度過太陽和煦地籠罩的少年期。

這種類型中有人從十幾歲即展露才能，是令世人爲之耳目一亮的「神童」。特徵是在極小的年紀即擁有人望及名聲。

Ⓑ晚年開花

即使短，但太陽線卻清晰可見的人，總有一天會打開成功之門。這道門打開的時機全憑個人的努力。如果短卻清楚地刻有太陽線，表示晚年開運之相。

並行二、三條太陽線，則暗示可擁有人緣及名聲。

筆者的朋友中，有人退休之後反而在興趣上功成名就。在衆多的朋友與擁護者的簇擁下，他的模樣散發著光鮮耀眼的氣息。

6．受人歡迎者具有太陽線

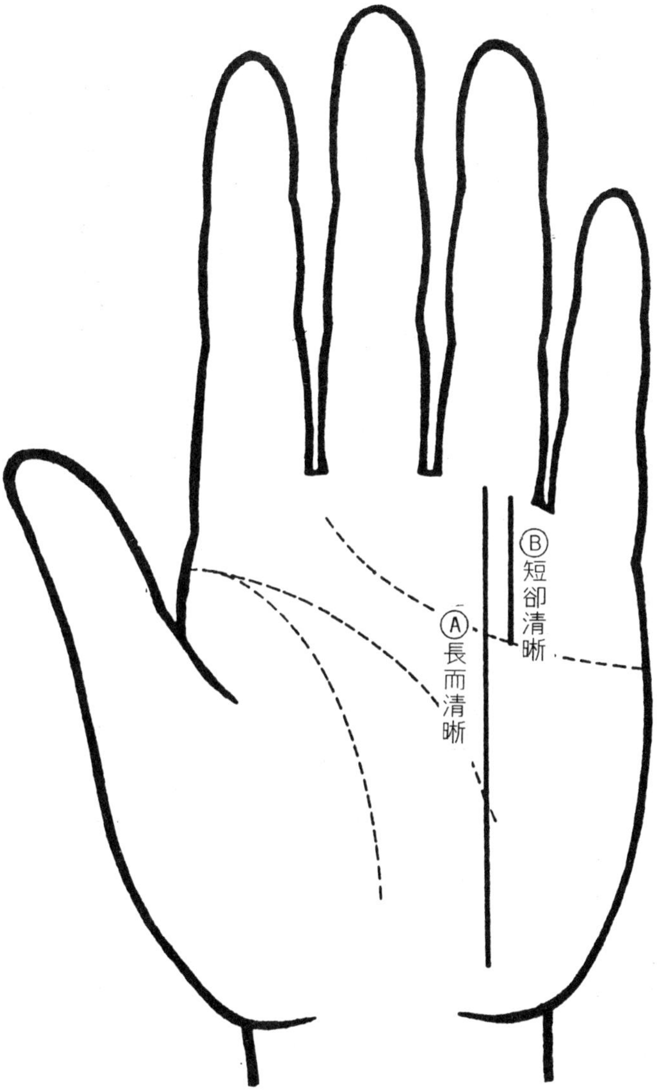

開運的關鍵在我——

太陽線是上升的線紋，出發點的位置是分析的第二重點。雖然都有成功的希望，但獲致成功的方法是「自力開運型」，其中分成三種類型。

Ⓐ忍耐型的第二火星丘

太陽線表示人緣，而從第二火星丘出發的太陽線則表示使他人成爲受人歡迎者之相。在演藝圈，優秀的經紀人都有這種太陽線。是屬於「抬轎者」的類型。

Ⓑ「命運線上」是不屈不撓的鬥士型

意志堅定的努力不懈者。太陽線正好從命運線上延伸而出者，正屬於這種類型。不倚賴他人、不驕縱、所經營的事業絕不接受家人的資金援助，完全憑自己的能力開創前途。碰到困難反而有化險爲夷的能力。

Ⓒ「生命線上」是勤勉、攀龍附鳳型

太陽線從生命線上延伸而出，表示累積踏實的努力必可成功。但女性若擁有這樣的太陽線，可能與具有地位、名譽、土地的人結婚。婚後也會出現事業上的贊助者或因旁人的提攜帶來成功。

6．受人歡迎者具有太陽線

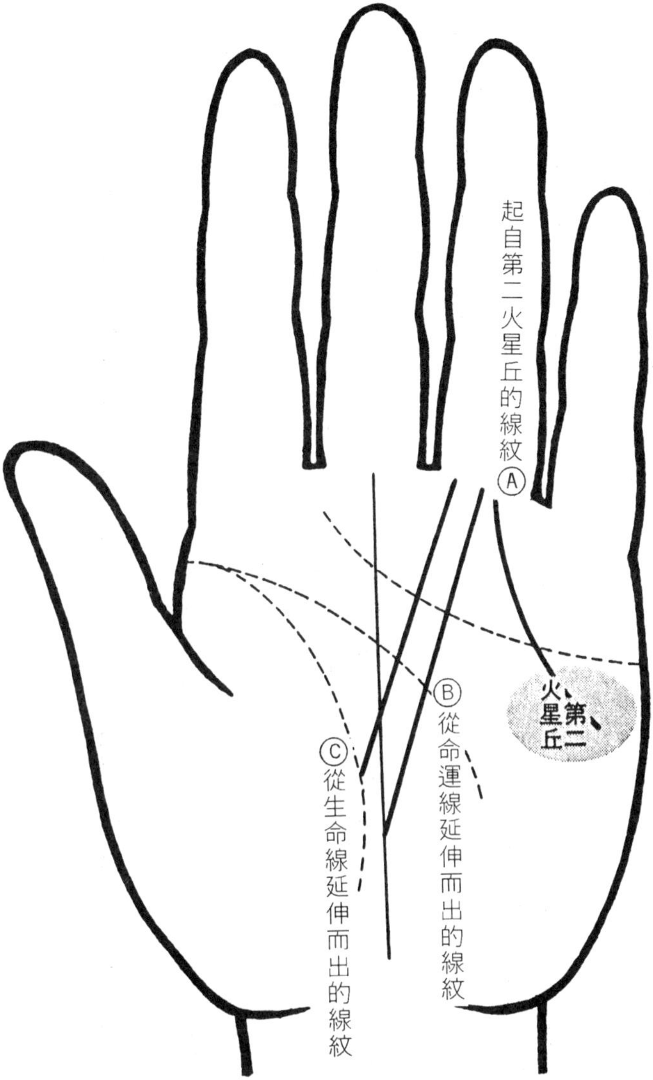

成功從天而降

太陽線的出發點若是以下的類型，和前述自力開運型比較下，通常是因他人的援助而獲得成功。

Ⓐ家族經營的「金星丘」

太陽線從金星丘延伸而出者，親人的援助是成功的關鍵。像結社型事業的「家族企業」是邁向成功的捷徑。這類型者應捨棄無謂的固執，和家人共同經營或接受親戚的贊助，保持謙虛的態度才能擁有幸運。

Ⓑ藝術家類型的「月丘」

月丘表示創造性。如果太陽線是以月丘爲出發點，會在藝術方面發揮才能。年少時知遇啓發能力的恩師，或不吝成本援助的贊助者、衆多的民衆支持等，不久即成爲衆人矚目的巨星類型。

Ⓒ僥倖類型的「月丘最上部」

太陽線從月丘最上部出發者，是能掌握意外幸運的類型。

譬如，肩負庫存堆積而破產公司的重建工作，結果庫存品暴發性的暢銷，成爲一流企業家的人。

6．受人歡迎者具有太陽線

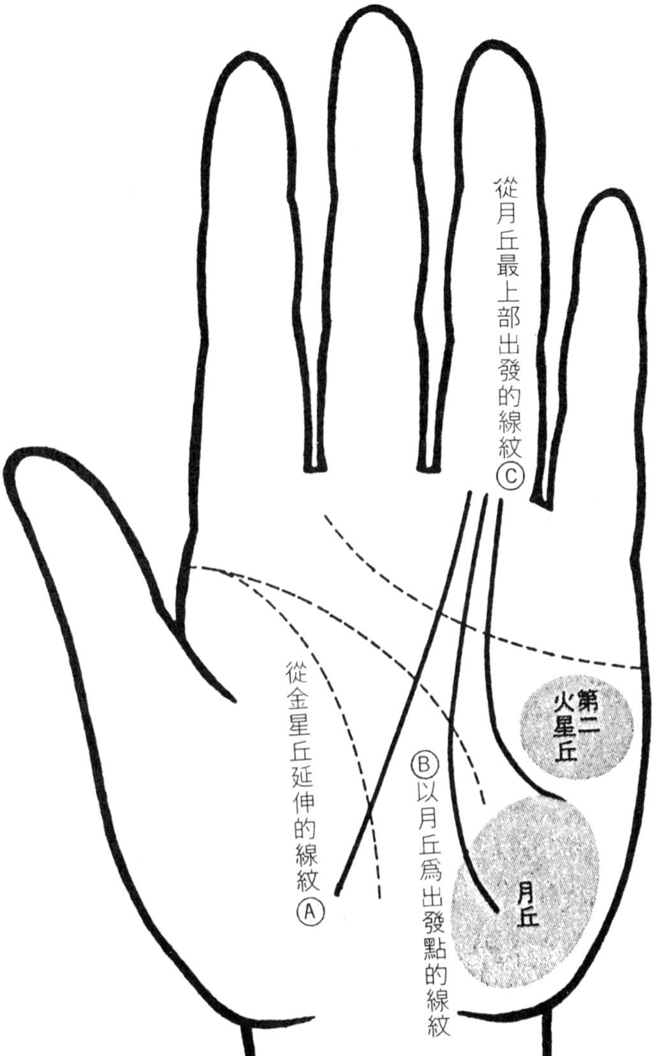

以腦力或誠實決勝負

我們根據太陽線的出發點分析了「自力成功型」或「他力成功型」。而另一個要素是以腦力或人品決定勝負的問題。

Ⓐ「手脚俐落的」智慧線

太陽線從智慧線伸出的類型，無異是現代所創造出的「成功故事」的主角。冒險事業的年輕老板、創意商法而成爲時代寵兒的學生董事長等就數這種類型。總之，極有可能以天才的靈感及頭腦靈敏的迅速判斷力爲武器，擁有人望與財富。

Ⓑ「誠實爲財富」的感情線

從感情線延伸而出的太陽線，並非創下驚世駭俗的豐功偉業者。但這種人牢實的信用將是最大的財富，必有仰慕其人品而成爲伙伴的優秀人才。雖然年輕時代嘗盡各種苦勞，但當時所撒下的種子到了晚年必開花結果。屬於大器晚成型，一步步穩紮穩打地建立基礎乃是開運的關鍵。

6．受人歡迎者具有太陽線

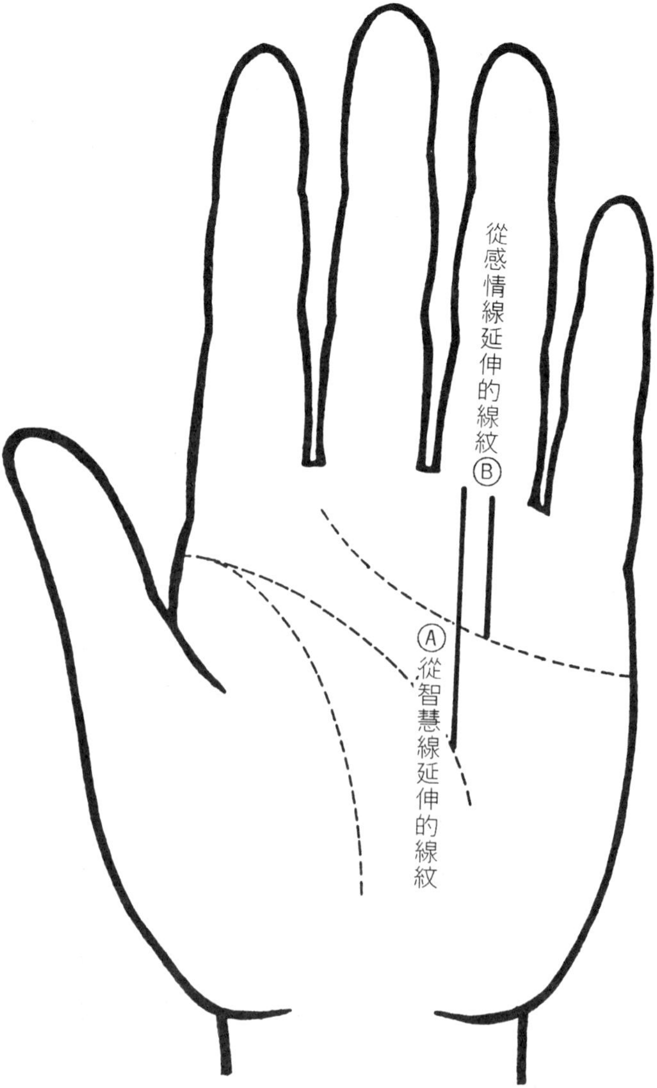

檢查適職度

分析太陽線的第三個重點是支線。根據太陽線的前端分叉爲幾支或是否朝向水星丘，意義完全不同。

Ⓐ娶妻要選擇「三分叉線」

太陽線若朝無名指方向呈三分叉狀，表示自己具有開運能力，同時能改善配偶者的運勢。若是女性毫無疑問地是「幫夫運」者。

Ⓑ天生靈巧的「二分叉線」

前端分叉爲二的人相當靈巧。太陽線分叉爲二表示魚與熊掌可以兼得的幸運。

Ⓒ朝三暮四的「多叉線」

太陽線的前端呈掃把狀分叉成許多分支時，是無法耐心地從事任何事的朝三暮四者。而其特徵是具有強烈的好奇心，使其動情者如過江之鯽。適合在風月場所工作或擔任外交官。

Ⓓ適合創業的「水星丘」

太陽線延伸到水星丘，而水星丘又厚實豐滿時，表示能在工商業功成名就之相。

6．受人歡迎者具有太陽線

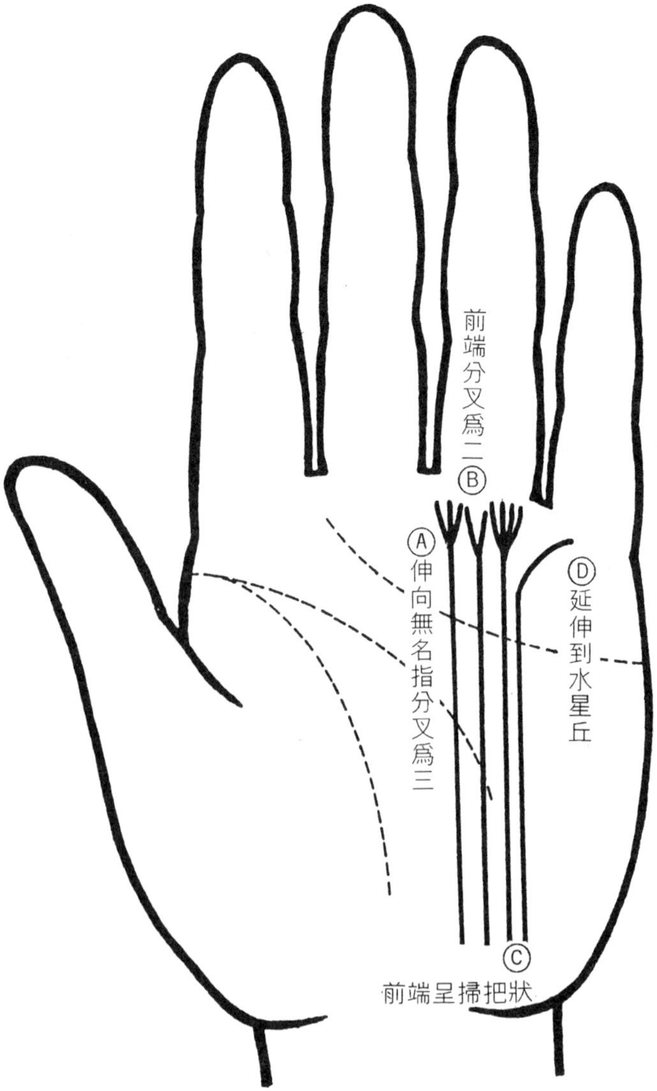

幸運也有出現障礙的時候

太陽線會帶來人望、名譽與財運，但即使是長而深刻的太陽線，如果途中出現斷裂會有障礙線橫越，則無法掌握幸運。

Ⓐ注意島紋而不可得意忘形

太陽線上出現島紋時，表示難得的幸運會出現阻礙。並非任何人的手上都有太陽線，它乃是強運之相，因而可能會因過於得意而招來他人的埋怨。

Ⓑ注意運勢中斷

太陽線出現斷裂，表示運勢暫時停滯之相。途中斷裂處越長，必須覺悟有一段較長的低迷期。應抱持這乃是低調期而不必慌張，忍耐一時的不遇，等到下個機會的來臨。

Ⓒ出現意外阻礙的障礙線

橫越太陽線的線紋是暗示幸運將受到阻礙。譬如，競敵竟是出乎意料者，或原本順暢的資金籌措卻發生困難，總而言之，會出現某些糾紛之相。上述這三種情況雖然都代表障礙，但太陽線本身是「成功線」應提醒自己不要自暴自棄，橫越困難、挫折才能撥雲見日。

6．受人歡迎者具有太陽線

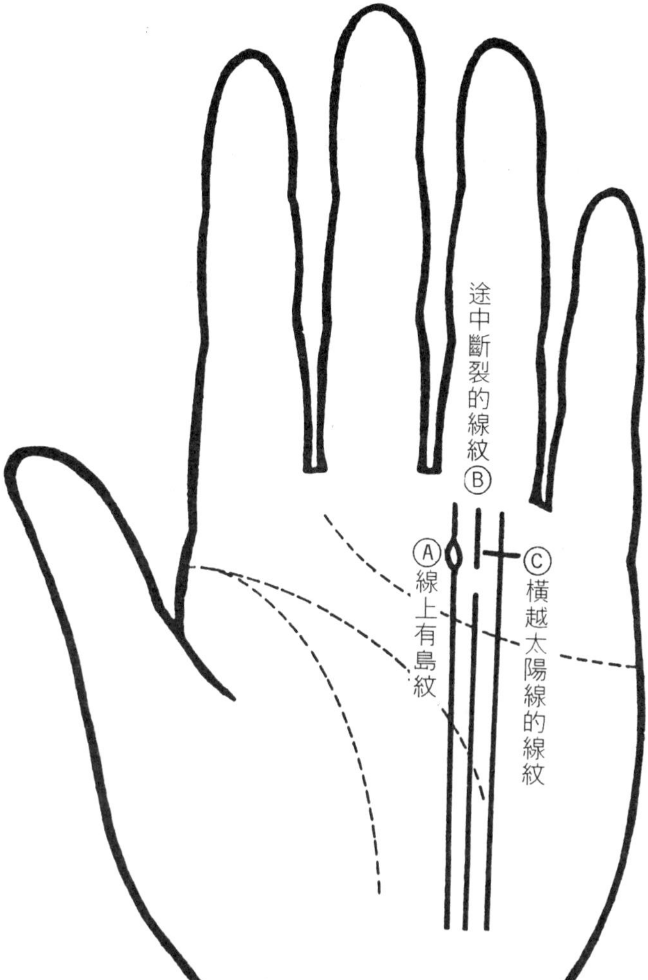

●指甲上的白點是幸運的女神

●指甲上有一、兩個白點是吉相

指甲上若有許多白點是神經衰弱等精神上的疲憊，或肉體上的疲勞已達界限的時候。

但如果只有一、兩個白斑點，倒是好事將臨的前兆。

●根據白斑出現的指頭而有不同的涵義

出現在拇指上表示談戀愛

拇指上有白斑是出現情人或與分手的情人重修舊好等感情方面的幸運。

若出現在食指，乃暗示商場上將能獲得重大契約的成功。

出現在中指時，表示在旅遊地有好兆頭或常有旅行的機會等，碰到旅行相關的幸運時。

出現在無名指上，表示財運上升而獲得財產或配偶升官、發達之運。

出現在小指則暗示可能在不動產上獲利、找到不錯的不動產或兒女升學考試及格等，暗示有關兒女的好兆頭。

7

分析愛情與婚姻生活的婚姻線

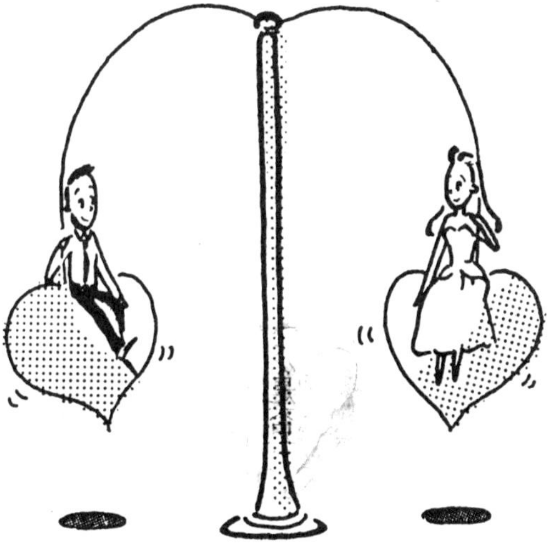

決定關鍵的感情線和太陽線——

●基本上以綜合的角度分析婚姻線

婚姻線是指小指和感情線之間出現的數條線紋。一般會出現二、三條，根據其方式與形狀可以瞭解將有何婚姻生活。

而分析婚姻運的基本當然是婚姻線。不過，連帶地要觀察感情線和太陽線及是否有金星帶，生命線、智慧線及命運線的走向等，做綜合的判斷。

●對女性而言最爲重要的線紋

對男性而言，手相中最重要的線紋是命運線。從事何種職業？工作是否能成功？幾時踏上成功的坦道等，乃是人生的重大問題。

雖然目前女性也積極地活躍各種職業的舞台，但最重要的還是婚姻的問題。因爲，不論古今，女性的幸福是永不改變的。女人的一生是因未來的婚姻對象而決定。

●根據手相判斷情人

手相是瞭解對方的線索。年輕時常受誘於外在的美貌，但做爲未來漫長人生的伴侶，應該是找一位能帶給自己安適感的人。否則漫長的婚姻路上將使人窒息。覺得徬徨不知所措時，不妨參考手相。

分析結婚的年齡

婚姻是人生的第二出發點。不論男女可根據婚姻線的位置，判斷何時將踏出婚姻生活的第一步。

Ⓐ接近感情線表示早婚

目前所謂結婚的適齡期是幾歲呢？所謂「三十啷噹一匹狼」，三十年代的單身男子與日俱增。而女性似乎是因生產年齡的顧慮，多數人仍然渴望在三十歲之前走上紅毯的一端。雖然婚姻線接近感情線者是「早婚」，卻無法一概斷定其年齡，如「在朋友之間較早者」也屬於這一類。

Ⓑ靠近小指則晚婚

婚姻線偏向小指而遠離感情線者，通常較為晚婚。一再地參加朋友的結婚典禮而發牢騷：「到底什麼時候才輪到我？」這些人通常屬於晚婚類型。

而位於小指與感情線正中央者，通常會在父母覺得該選擇結婚對象的時期（二十五歲左右）會有一段好姻緣。你的適婚年齡在自己的手上可以找到答案。

7．分析愛情與婚姻生活的婚姻線

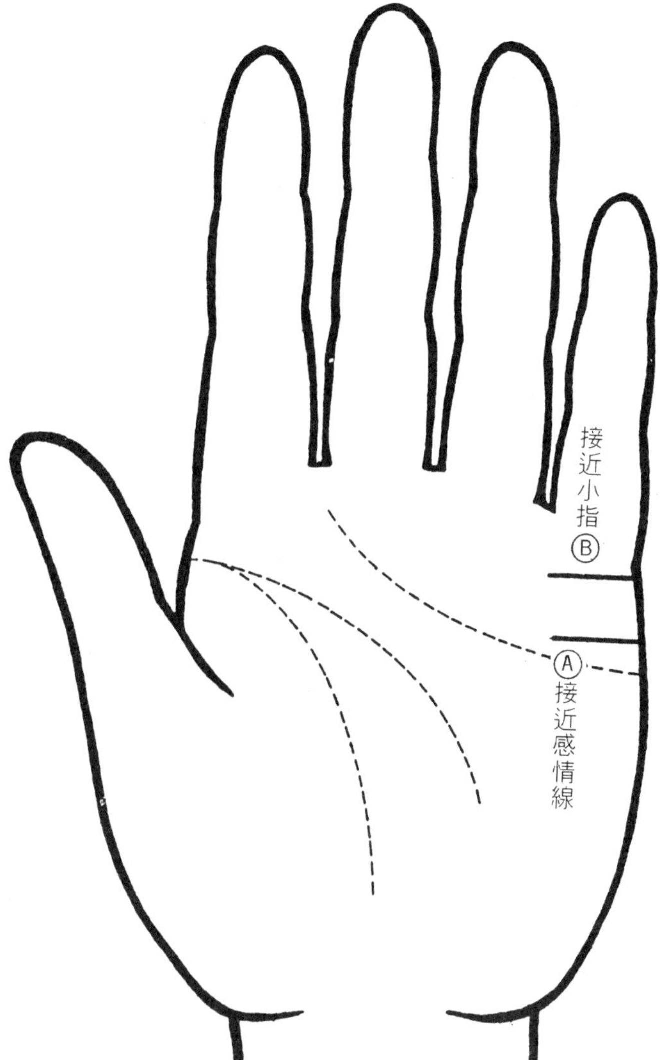

婚姻生活的幸福度？

即使歡歡喜喜地踏上紅毯，卻有人結婚即是離婚的開始，而也有在衆多子孫的慶賀下歡度金婚典禮的佳偶。婚姻線也能鐵口直斷一般人難以預測的婚後生活。

Ⓐ白頭偕老

只有一條婚姻線且長而清晰，表示最高的婚姻運。夫婦是在彼此強烈的信賴感下而結合，可長相左右的終身伴侶。

Ⓑ二度結婚的可能

有兩條婚姻線並不一定都有兩次婚姻。可能是丈夫遠調他處，過著長期分居的生活後再度共同生活，或和同一個對象有兩次相愛的經驗。不過，如果雙手都有兩條等長的線紋，二度結婚的可能性極高。

Ⓒ毫無感動的婚姻生活

婚姻線極短的人很難過著幸福洋溢的婚姻生活。尤其是男、女的手上都是極短的婚姻線時，恐怕過著同床異夢、單調乏味的生活。

Ⓓ理想的伴侶仍在尋覓中

7．分析愛情與婚姻生活的婚姻線

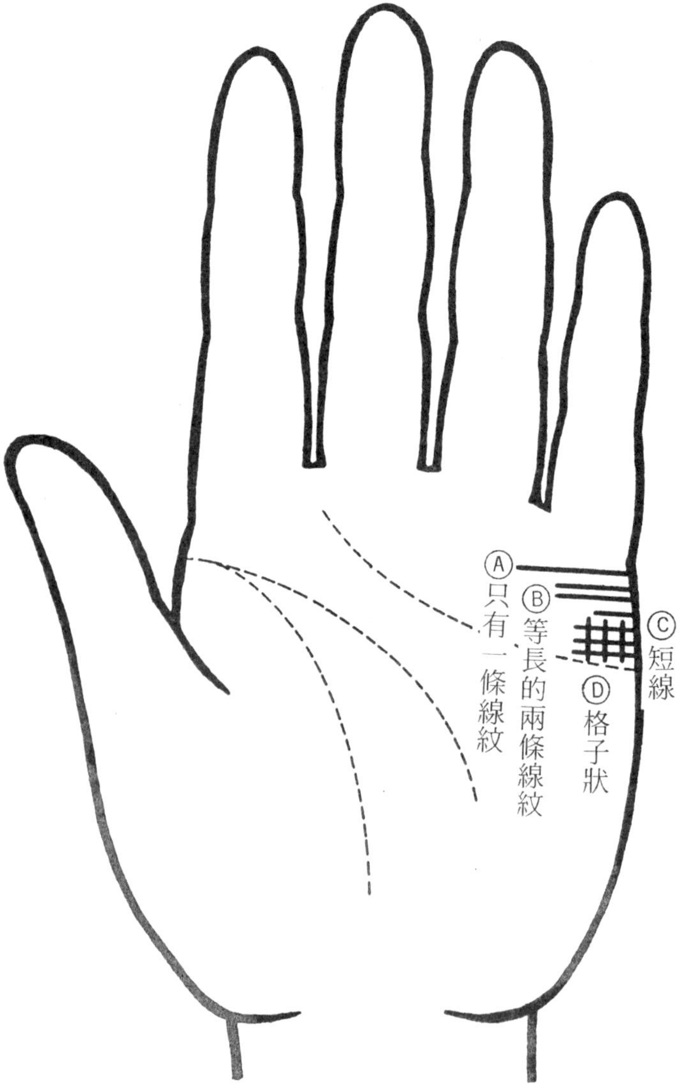

婚姻線不明顯而呈格子狀者，表示尚未遇到理想對象之相。

灰姑娘也非夢想

在最近ＯＬ之間所謂的「理想夫婿的條件」乃是高學歷、高收入、高身材的男性。而能和此三條件齊全的男子結成連理的，是擁有何種手相的人呢？

「攀龍附鳳」仍是現今女孩們的夢想，但能從灰姑娘搖身一變為公主的，只有以下幾種類型。

Ⓐ和太陽線連接是「攀龍附鳳」

太陽線表示幸運、成功。如果婚姻線長而與太陽線銜接，此人必有如夢般的良緣。譬如，被青年資產家或文化人士、演藝圈者一見鍾情，連自己都有如置身夢中般的虛晃感，這些有如電影般情節的白馬王子正等候著妳。

若是男性，乃是將與為自己付出全部生命而狂愛的女性結合之相。

這應該是「灰姑娘」的翻版。

Ⓑ支線連接太陽線是「漸入佳境」

婚姻線分叉而出，而支線的尾端連接太陽線時，乃是婚後重新發現對方的優點，愛情隨之與日俱增之相。

7．分析愛情與婚姻生活的婚姻線

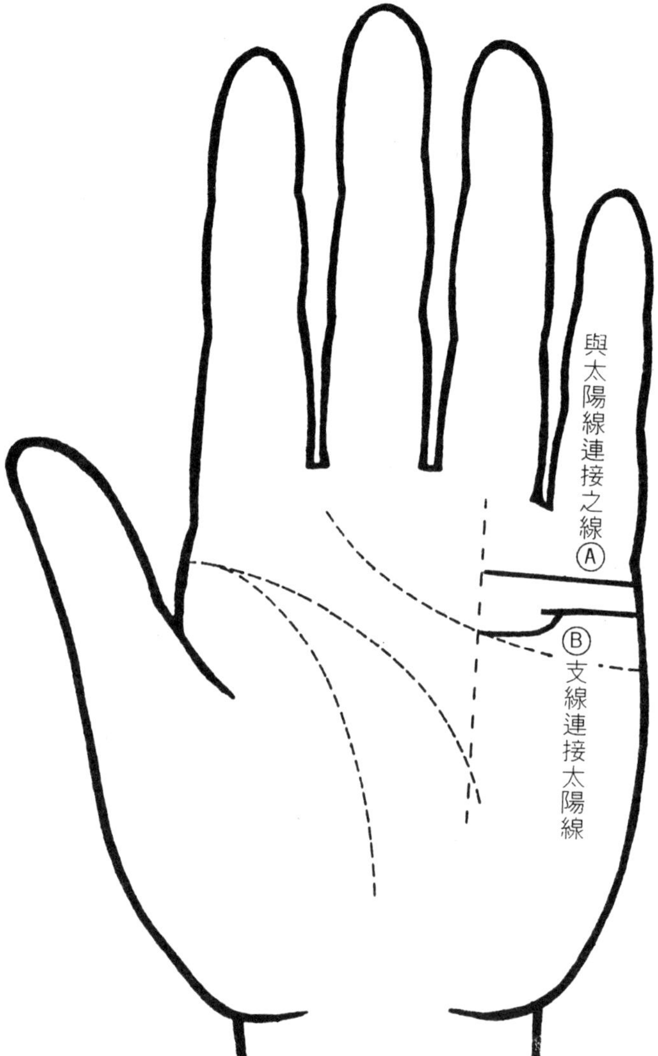

分析不安定的愛情生活之相

婚姻線對已婚者而言也有各式各樣的涵義。覺得最近婚姻生活失去新鮮感的人，您的婚姻線是否呈以下的狀態呢？

Ⓐ感情也斷斷續續

婚姻線呈途中斷裂時，表示對對方的愛情也常有中斷的情況。暗示新婚期的濃情蜜意已漸漸淡化，開始對婚姻伴侶感到厭倦。

Ⓑ前端變細的愛

婚姻線的前端變得細小也表示愛情的障礙。即使沒有明顯的糾紛，卻表示婚姻生活漸走下坡。

Ⓒ愛情出現障礙

婚姻線碰到一條直線而停止往前延伸的手相，表示愛情觸礁。若在婚前恐怕終究無法成爲佳偶。

Ⓓ愛情也走下坡

婚姻線若朝下延伸，乃是倦怠期之相。二人彼此已失去互相需求的緊張感，陷入顯得

7．分析愛情與婚姻生活的婚姻線

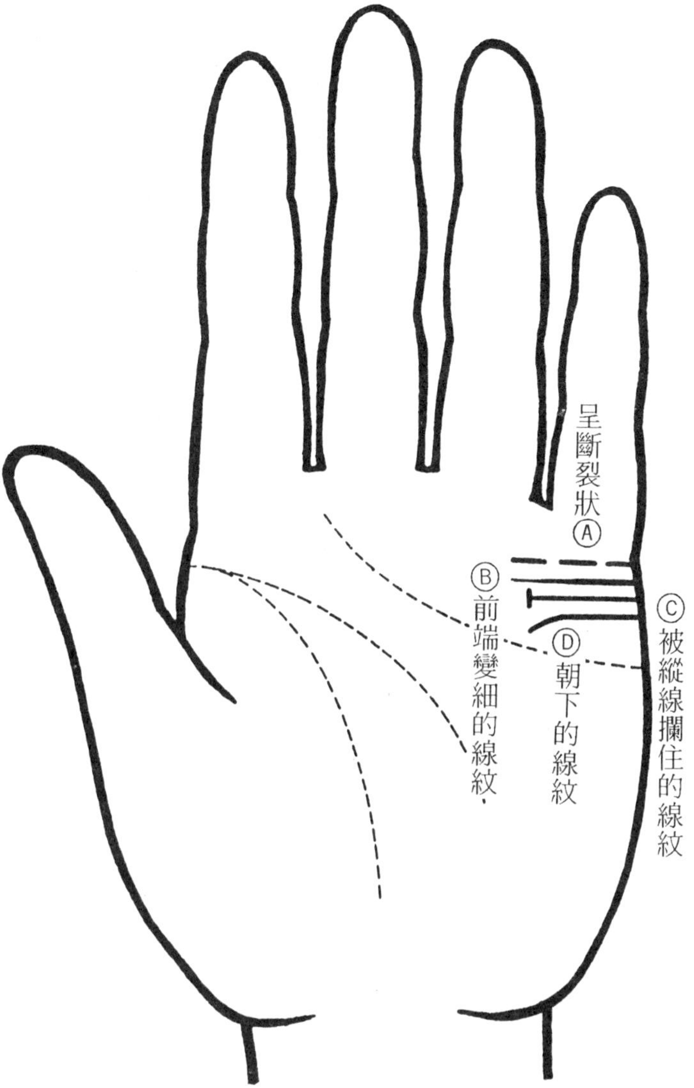

遲緩的關係。甚至會懷疑是否找錯對象。

走上婚外情的不歸路

婚姻生活中最令人感到心酸的是，婚姻伴侶的外遇、偷情行爲。相信沒有人敢明目張膽地發生婚外情，即使刻意隱瞞，婚姻線也會具實地暴露不正常的異性關係。

Ⓐ與婚姻線並行的短線

在婚姻線上或下有並行的短線。這乃是偷情或外遇的鐵證。任何人也許都可能對丈夫或妻子以外的異性動心，但這些短線並不表示單純的「友誼」，而暗示會發展出肉體關係。

Ⓑ複數的婚姻線

婚姻線雖然並非只有一條，但有五、六條婚姻線者也非正常。直截了當地說是「風流成性病」。經常追逐戀情，因而感情易冷易熱，屬於多情種子。

如果你的情人或婚姻伴侶是這種類型，恐怕會落得悲嘆遇人不淑的悲慘境地。隨時因三角關係而煩惱，過著糾紛不斷的婚姻生活。

如果出現長度略同的複數結婚線者，終其一生將無法與足以傾付全部愛情的異性結合。

7．分析愛情與婚姻生活的婚姻線

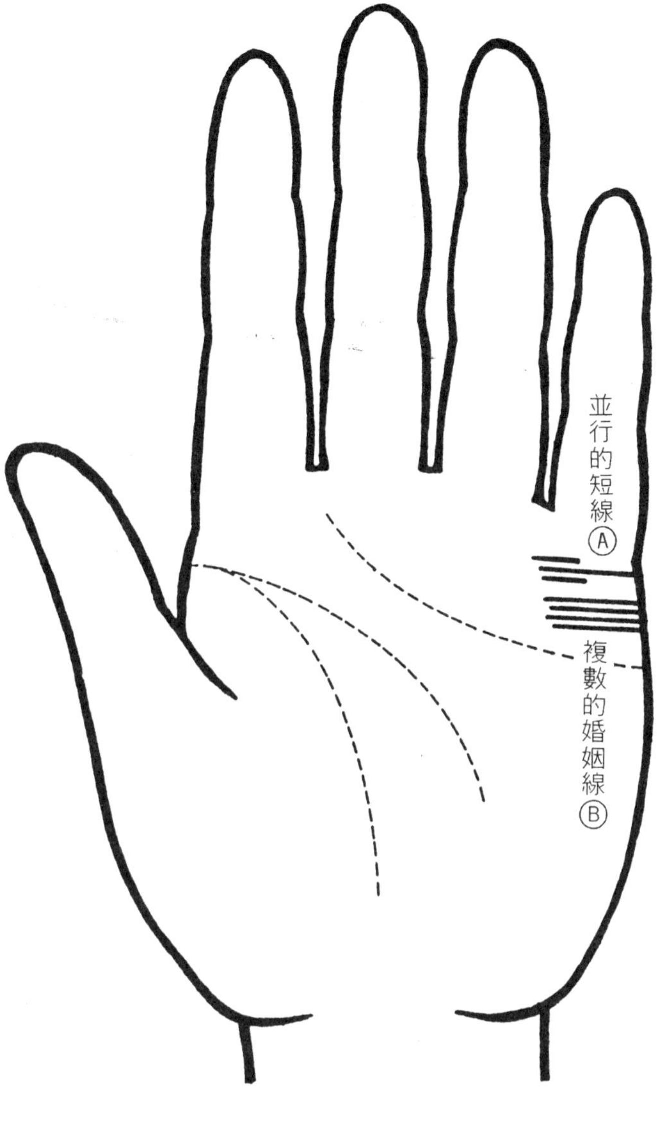

走上離婚之路的婚姻線

夫婦爭吵中，常見有人脫口而出「離婚」一詞，但眞正面臨離婚的決裂點時，雙方必定會留下傷痕。離婚是夫婦間應盡可能避免的問題。如果出現這樣的手相應特別注意。

Ⓐ**分叉爲二**

婚姻線的前端分叉成V字型，表示夫婦過著分道揚鑣的生活。其中也包含單身赴任或住院等情況，但通常是因感情失和不得已分居，總而言之，是離婚才能解決問題之相。即使同住在一個屋簷下，如果是處於「家庭內離婚」狀態的夫婦，可能會出現這樣的手相。

Ⓑ**急角度的下降線**

婚姻線幾成直角往下彎曲，同樣表示從分居到離婚的破裂局面。這時彼此價値觀的分歧已強烈地對立，處於無法妥協、彼此對峙的狀態。即使有一段分居的冷卻期間，也將會走向離婚之路。單身者則意味與情人的分手。

Ⓒ**超越感強線**

婚姻線呈急度曲線畫過感情線時，表示夫婦的別離、死別、離婚。

7．分析愛情與婚姻生活的婚姻線

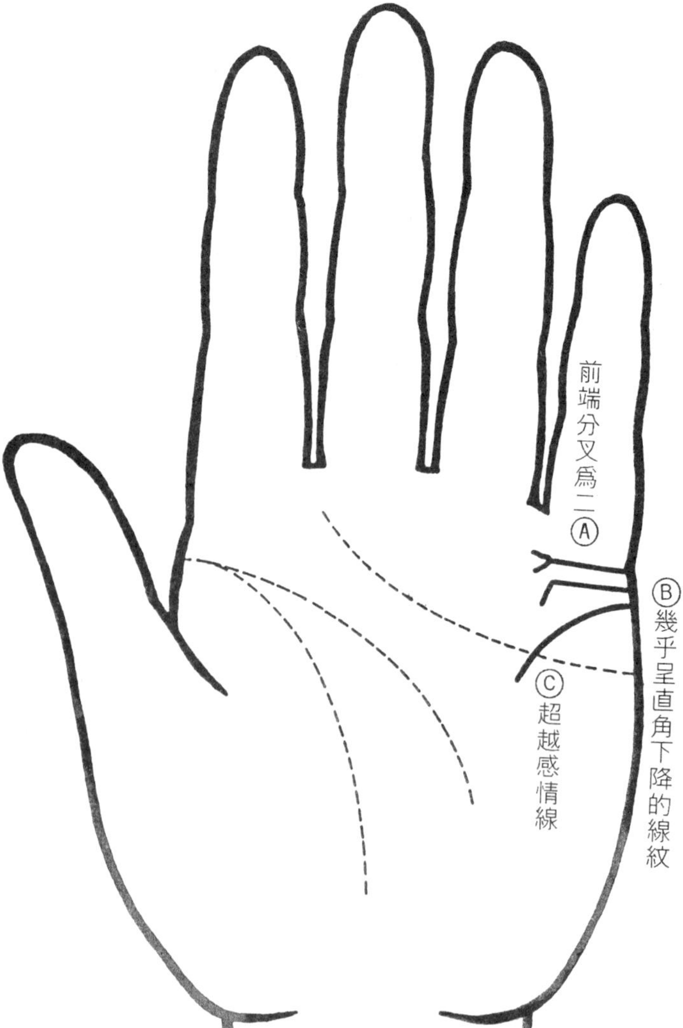

不幸的婚姻

丈夫有如笨重的垃圾，妻子彷彿家具的一部份……。夫婦生活若演變成這種情況，婚姻的價值已全失。其中所產生的「厭倦感」將會使婚姻線變形。

Ⓐ小鳥的嘴型

婚姻線若變成小鳥的嘴型，表示夫婦生活已是分道揚鑣的狀態。不再有令人欣羨的夫唱婦隨的和諧關係，夫妻間各持己見，一碰面即互相發牢騷的狀態。

Ⓑ前端呈掃把狀

婚姻線的前端分叉成數條而呈掃把狀，是夫婦生活陷入膠著狀之相。共同生活在同一個屋簷下卻沒有像樣的交談，一天裡只有「洗澡、吃飯、睡覺」三句話即已完成溝通的，就屬這種類型。

彼此甚至已懶得體貼對方，過著毫無感動的婚姻生活。

Ⓒ積壓不滿的鎖鍊狀

不適合婚姻生活者會出現此相。這種人和任何人結婚也不會感到滿足。

因爲，心中充滿著不滿，結果會刺激對方而無法斷絕彼此不滿的惡性循環。

7．分析愛情與婚姻生活的婚姻線

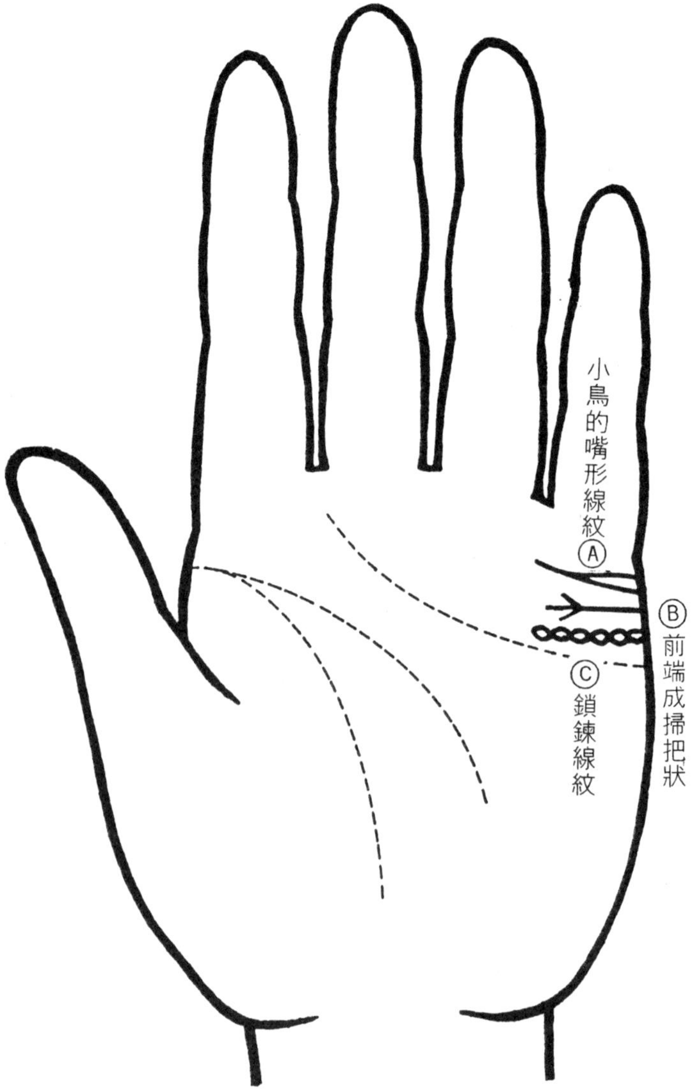

愛情的危險信號

世界上幾乎沒有婚姻生活一帆風順者吧。任何家庭或多或少都有一本難唸的經。問題在於解決問題之際，是否能藉此加深彼此間的感情。

Ⓐ疏忽「島紋」可能走上離婚之路

婚姻線的途中出現眼狀線紋的島紋，這是存在著尚未解決的問題，結果變成彼此的埋怨時所出現之相。

如果任由島紋所提出的警訊不加理睬，婚姻線整體會往下滑，反覆著分居、離婚的危險訊號。

Ⓑ斑點是糾紛的象徵

婚姻線有時會在途中出現斑點。這表示夫妻間的糾紛。其中以父母間的問題最大，最近有不少男士與妻子的娘家同住，因而婆媳間的爭執或與當事者父母之間的糾紛時有所見。

Ⓒ朝下的小線是表示辛苦的程度

不論那一種情況，夫妻間的愛情出現裂痕已是早晚的問題。

7．分析愛情與婚姻生活的婚姻線

婚姻線上出現斜向朝下的小線時，表示婚姻對象體弱多病或缺經濟能力，使得這種手相的人倍嘗辛苦。

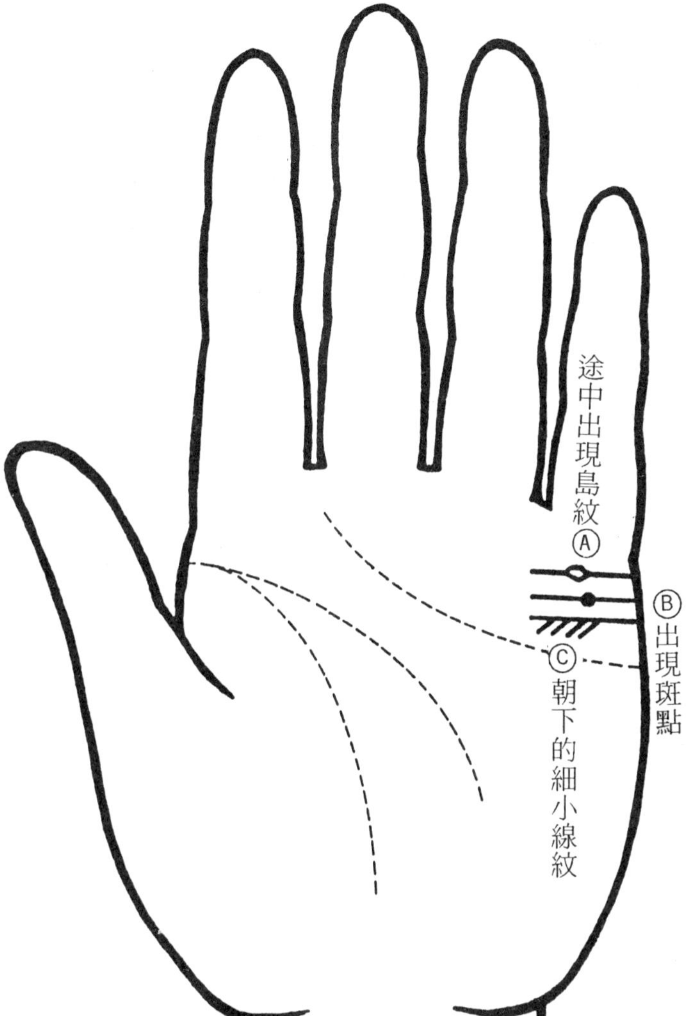

單身或好色類型

本章將以對單身者的忠告做爲結束。當決定戀愛情人做爲終身伴侶時，建議有以下手相者不妨再花點時間做判斷。

Ⓐ先端朝上翹起的類型

婚姻線的先端朝小指側翹起者，是理想極高的獨身主義者。即使以結婚爲前提而交往異性，最後極有可能表示「ＮＯ」。

Ⓑ扭曲蛇行的類型

這種婚姻線，一言以蔽之是後家相。無法因婚姻伴侶而過著幸福的生活，極有可能是一生孤獨走完餘生的人。

Ⓒ朝向無名指的類型

著重於性方面的滿足勝於精神上的充實感。即使是深具魅力的情人，一旦共同生活即會露出破綻。

Ⓓ延伸到金星帶的類型

婚姻線長達金星帶者，是相當好色之徒，認爲婚姻就是性。

Ⓔ朝向土星丘的類型

婚姻線朝向中指以下的土星丘者，特徵是用情深，因此由愛生恨的強度也高達百倍，是嫉妒心非常強的人。

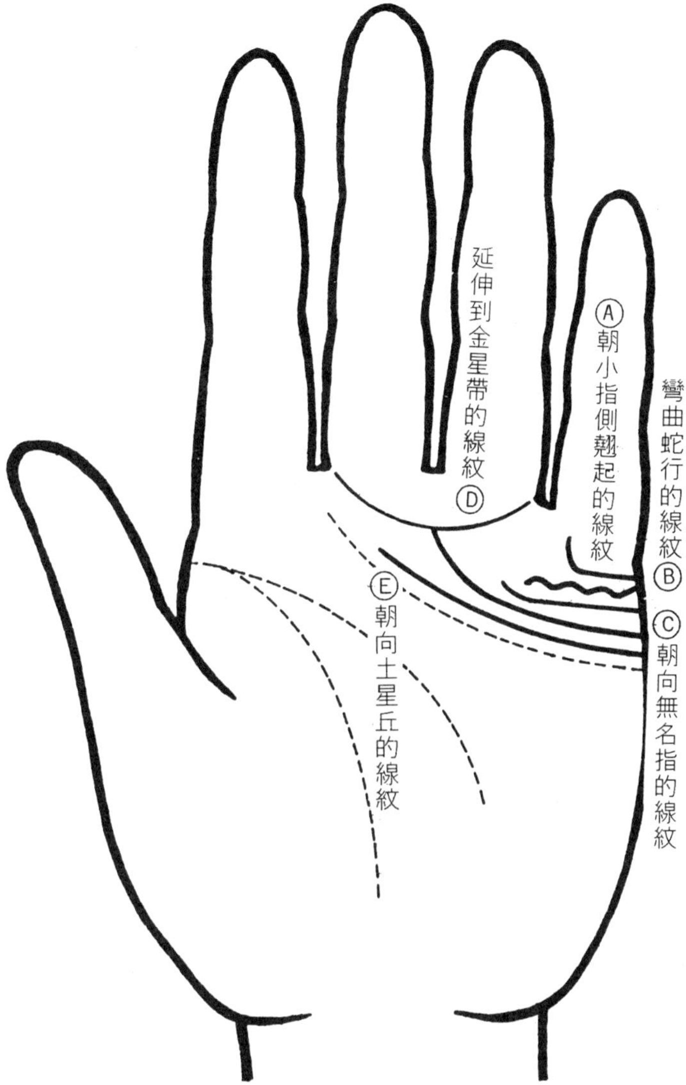

●根據手指顏色分析內臟的脆弱部份

氣色好的人身體健康有活力。相反地，呈現慘白、黃色時要特別注意。

●粉紅色是身體健康　身心處於良好狀態。運勢上升、做任何事都無往不利。性格開朗、受人歡迎的人。

●紅色必須注意心臟與血壓　是否性急而易怒？注意高血壓或心臟病。

●慘白的手必須注意消化器系的疾病　缺乏食慾的虛弱體質。性格也顯得神經質而消極。因操勞性而常有胃痛的類型。

●泛白的手是鐵質不足　神經質又消極。血色少略有貧血跡象。賴床、起床後體力不佳時應盡量攝取鐵質。

●黃色的手代表疲憊　優柔寡斷、缺乏決斷力。肝臟有毛病，必須克制飲酒並常休息。

●泛黑應檢查腎臟系統　消極而愛鑽牛角尖的性格。腎臟可能有毛病，不妨到醫院做一次檢查。

每天檢查手相

8

瞭解收入多寡的財運線

根據與命運線等的相互關係做分析

●財運線多也是傷腦筋

財運線是出現在象徵商才與科學、社交觀的水星丘上的短縱線，即使有許多財運線也非吉相。倒是錢財出入頻繁、浪費者等財運不濟者常見此類手相。

●命運線和太陽線是重要關鍵

同樣地，財運並不只根據財運線做分析。重要的是與象徵無形財產的太陽線，及分析人生中那個時期會成功的命運線之間的相互關係。

●即使沒有財運線也非與金錢無緣

沒有財運線並不表示一生困頓貧乏。任何人都有生活所需的金錢。手上沒有財運線者似乎對金錢也不太執著。即使明白表示希望擁有許多錢，也非勢在必得。而且，手相每天都在改變。

認眞勞動而積蓄錢財時會出現財運。一旦出現財運線則財富日益增多。所以，財運線是告知個人賺錢的狀態。

財運線是強而有力的伙伴

太陽線是表示擁有人望、信用等無形財產之相，而表示親情有無的則是財運線。它是出現在小指根部的短縱線，而這個部份正是表示商業、商才的水星丘。

Ⓐ按部就班努力的蓄才類型

財運線若筆直伸展在小指下側的正中央，表示有安定的收入且能陸續增加財富。不過，財運線又和其它線紋連接者，乃是會以確實的方法增加收入，利用儲蓄獲利等傳統方法聚財的人。生性節儉但不吝嗇，對無謂的支出或投資不感興趣，享受恰如其份的生活。

Ⓑ運用財力的投資類型

財運線位於水星丘與太陽丘之間者，具有強烈的財運。靈敏地掌握機會，在股票或不動產上投資，以金錢遊戲而掌握巨富之相。同時，具有強烈的賭博運，運勢極佳，即使首次購買的馬劵也會中了頭彩。雖然用錢的方式顯得氣派，但有驚卻無險，終其一生不會爲金錢而煩惱之相。

8．瞭解收入多寡的財運線

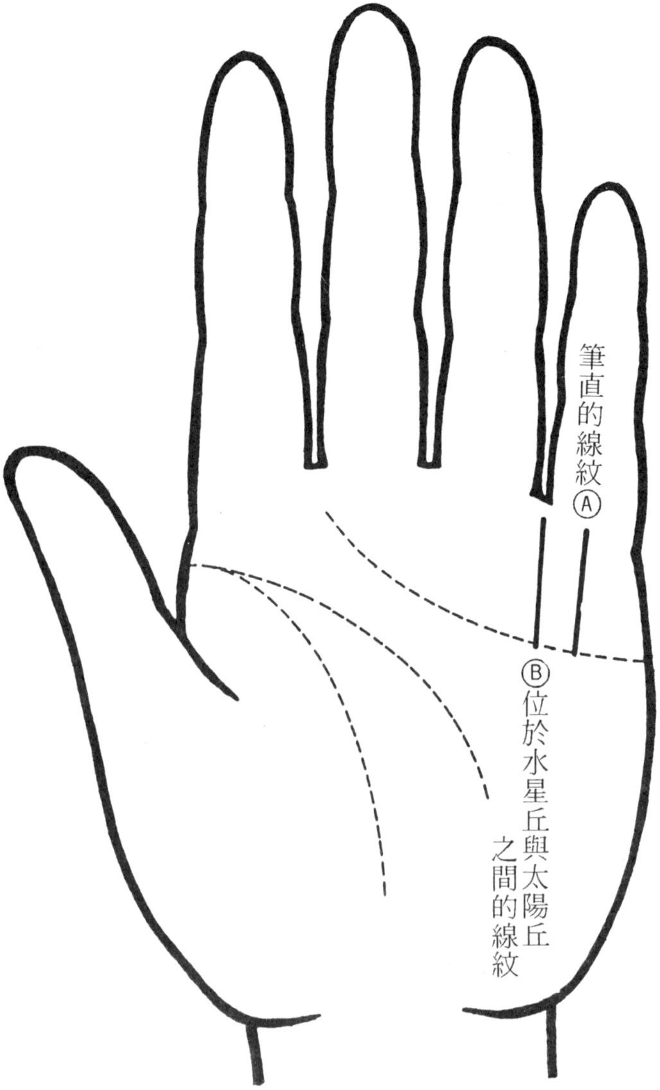

意外獲得遺產而變得富裕

財運線是水星丘上的短縱線，如果和其他線紋相連或延長，乃是可以創造機會之相。這種手相者即使本人並無經濟能力，也會因與近親者的緣份而擁有接獲父母、親戚財產的幸運。

Ⓐ從金星丘出發的財運線

金星丘是表示家族或親戚等近親之丘，當財運線從此出發到達水星丘，據說是繼承遺產之相。財運線若從月丘上升，是因他人的提攜或贊助而成功，而從金星丘延伸是表示獲得近親者的援助。

我有一個朋友，前幾天其父親過世而繼承家產，無意間看其手相，發現他的手相出現原本沒有的這條線紋。這位朋友以往對金錢並不太關心，據說連家產有多少也不清楚，目前擁有足以開店的龐大資金，卻不知如何使用而傷透腦筋。

從小在父母、兄弟之間的愛護下而成長，在財產繼承方面也沒有發生任何糾紛，幾乎是順理成章地擁有了巨富。

8．瞭解收入多寡的財運線

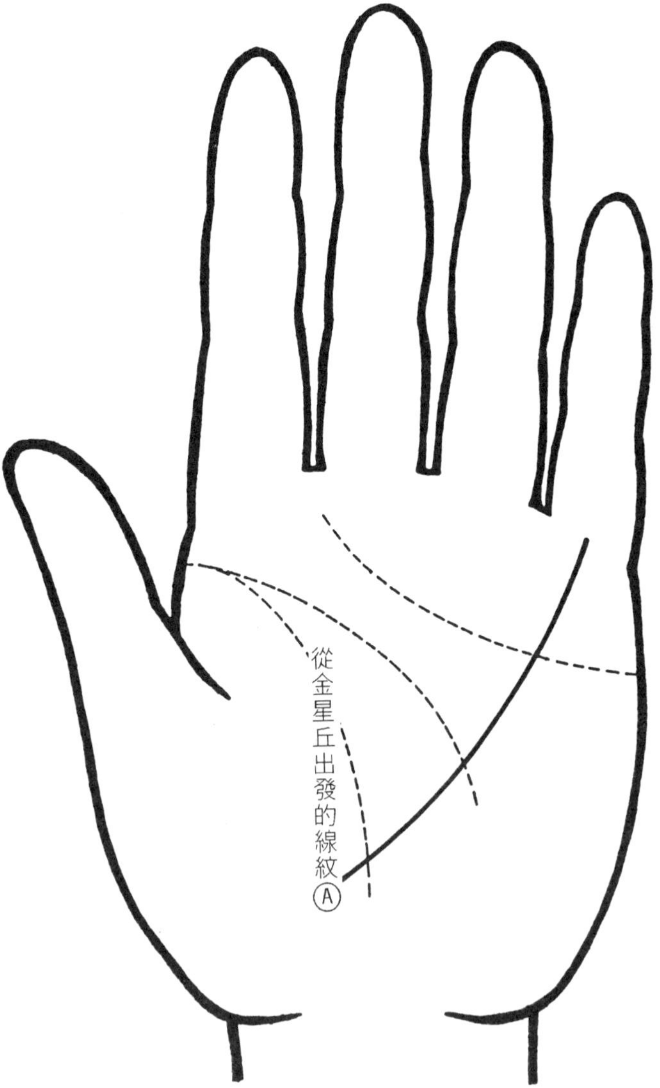

具有商才可在事業上成功

財運線若和命運線或智慧線連接，乃是創業家之相。即使白手成家也非夢想。這種手相者無法在上班族生活中發揮才華，簡直暴殄天物。

具有行動力及企劃力，成功與否乃取決於決斷力的有無。應該在商業買賣或新興事業上傾注才華。

Ⓐ從命運線出發的財運線

從清晰刻印在手上的命運線呈一直線延伸到水星丘的財運線，表示獨立之相。生性不適合在組織的管理體系下，白手創業或經營買賣生意反而能獲得較多的利潤。如此才能發揮靈敏的工作力，如魚得水。藉此財運也漸漸上升。

Ⓑ從智慧線出發的財運線

財運線從粗而長的智慧線筆直延伸到水星丘的人，是相當卓越的智多星。

企劃力卓越，掌握時代需要的先機，以嶄新的事業計劃震驚業界，創造出流行商品。在媒體界造成轟動的店鋪或商品，幾乎可以說是這種手相者的產物。

8．瞭解收入多寡的財運線

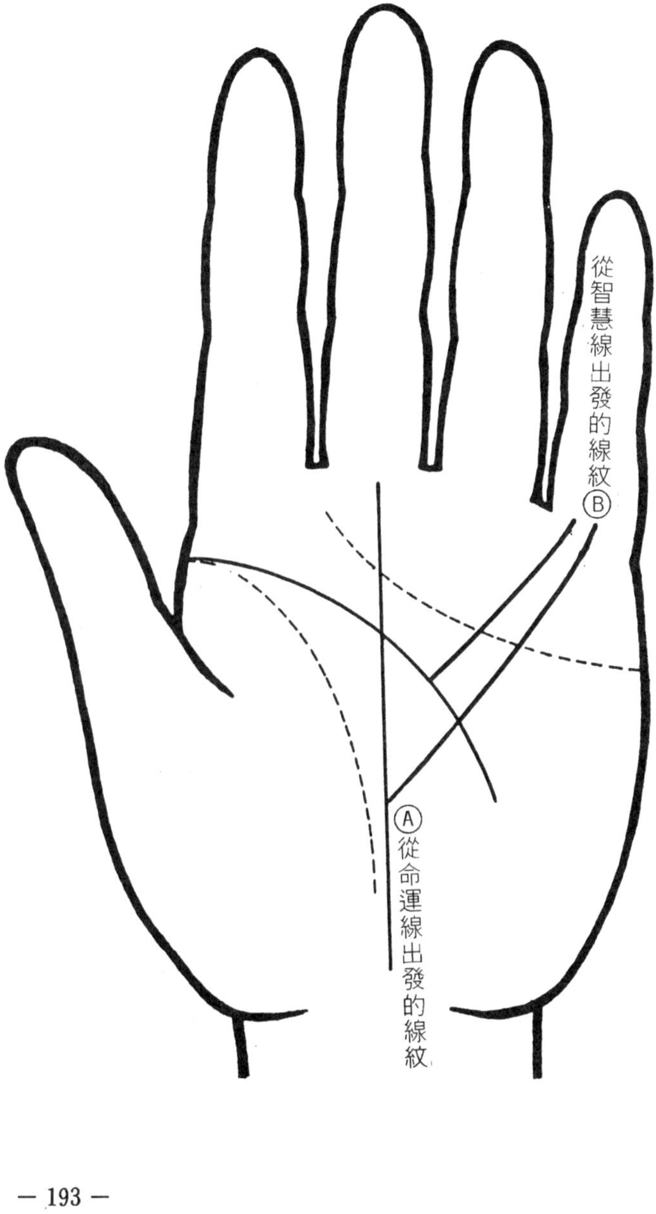

財運線也會受挫

即使手上出現財運線，也不保證收入會增多。

仔細一看，財運線上橫越著障礙線或斷斷續續－。出現此相最好判斷財運呈下滑趨勢。爲了安全起見，最好未雨綢繆。

Ⓐ出現數條細小的財運線

這種手相者即使有收入也不安定。表示錢財忽進忽出，無法控制的狀態。縱然有確實的收入，最好還是儲蓄以測安全。

Ⓑ財運線斷斷續續時

這是財運下滑的象徵。表示經濟不得意的狀態，可能是事業出現障礙或生意買賣的營業額低落，原因雖然形形色色卻表示尚未找到解決良策之相。

Ⓒ財運線上出現障礙線時

這種手相已明顯地表示已失去財運。最好能覺悟有金錢上的打擊。障礙線越粗大打擊也越大，恐怕會演變成倒閉或破產的慘劇。這個時期應儘量收斂新興事業或開店、改變裝潢等金錢的花費。

8．瞭解收入多寡的財運線

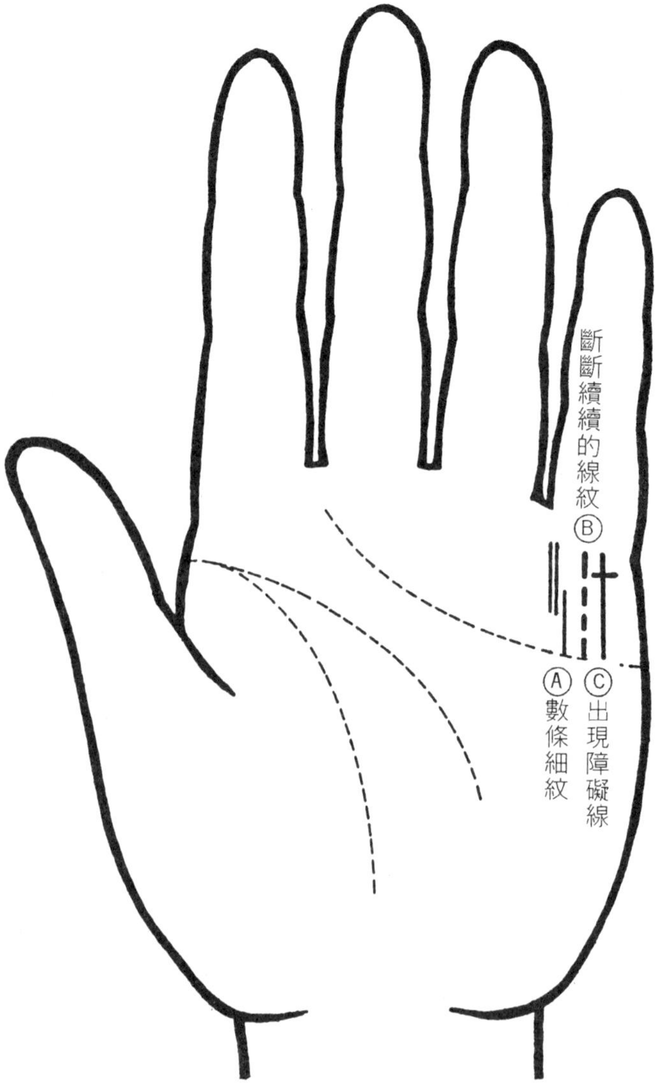

●紋路多者神經質、少者大而化之

手掌上的紋路是指基本線以外的細小線紋。分析手相時，這些細紋佔有相當重要的角色，千萬不可疏忽。

●細紋多者認眞而潔癖的性格

手掌上有無數細紋者，生性認眞、神經質，多少帶有完美主義的一面。潔癖而操勞性，爲此倍嘗辛苦。

●手紋少者是單純明快的性格

有些人的手紋，乍看下除了主要四條線紋外幾乎沒有其他的紋路。這種手的人個性單純明快，不會鑽牛角尖。

開朗而溫和的人品，因其存在使得周遭散發出一股溫和協調的氣氛，這乃是其優點，但另一方面卻也給人遲鈍、恍惚之感。

縱紋表示開運

●縱紋是吉相、橫紋表示障礙

縱紋表示一切處於上升的氣運。可加把勁衝刺的時候。而橫紋是暗示體力衰弱而生病。

9

其他的幸運線

線紋都有其涵義

●手相不難分析

一般人都以爲手相是一門艱深的學問。其實手相比想像中的容易。只要記得前述各個丘的涵義，或將手區分爲兩邊的方法等要領，接著只要確實的掌握各線紋的動向。不過，仍然有許多人覺得手相的分析太難了。還有許多搞不清楚的線紋。

●基本上是一併考慮丘的涵義

一般人所疑惑之處，應該是前述的生命線、智慧線、感情線、命運線、婚姻線、財運線之外，還有許多不明所以的線紋。

但是，以下所說明的各線，只要能瞭解丘的涵義，其實並不困難。

●各線是確實掌握主要線紋的補助線

其實並非每個人手上都有各種分線。

而且，若有放縱線倒令人傷腦筋。總而言之，各位只要把各個支線，當做正確了解主要線紋涵義的輔助線。

接著，我們就進入正式手相分析法的最後步驟。

實現夢想的希望線

希望線是出現在食指下側的木星丘的線紋，這是實現遠大夢想或野心之相。木星丘越厚實且希望線明顯清晰越是吉相。

Ⓐ理想的希望線

出現一或兩條清楚的線紋，表示抱有一個夢想且能爲之努力。這種人充滿著活力，具有果敢的實行力，絕不讓夢想變成只是個夢想。

Ⓑ成功希望渺茫的複數線

有些人的希望線出現好幾條，這種人到處追求夢想，結果一切徒勞無功。應該把目標集中在一、兩個夢想上。

Ⓒ障礙線造成阻礙

即使有紋路深而粗的希望線，其中若有橫越的障礙線，表示很難超越妨礙野心發展的障礙。這暗示不得不放棄實現夢想。

Ⓓ無法達成的希望線

希望線與障礙線碰觸而不再延伸的手相，老實說必須判斷希望無法達成。

9．其他的幸運線

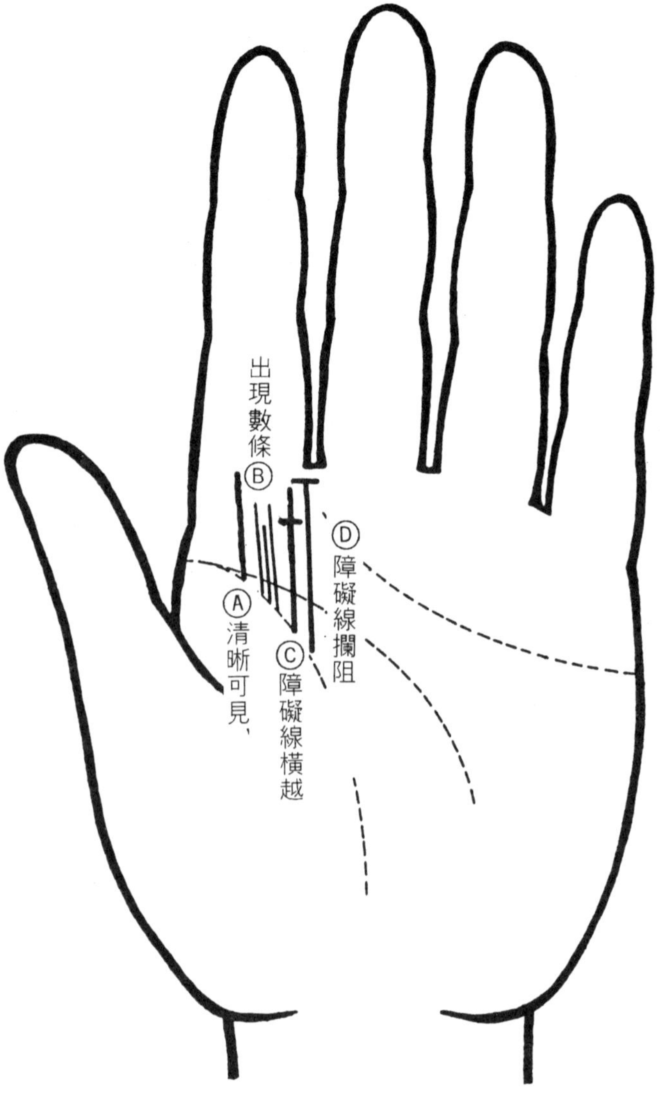

努力不懈的向上線

生命線上朝中指方向斜上伸展的線紋稱爲向上線。別名「努力線」是奮鬥不懈者常見的吉相。

Ⓐ上升到中指指根

從生命線發端，一路直上中指的向上線，表示粉身碎骨、刻苦耐勞的奮鬥者。以事業家功成名就者中可見這種類型的向上線。有此手相的人，平常充滿著活力，處世幹練。若有明確的目標，爲達成目標必嚴格地自我管理。

最近在「過勞」的批評聲中，「努力」一詞幾乎已成廢語，但男性的手上若無向上線，總令人有靠不住之感。

Ⓑ短而多條

向上線和婚姻線等不同，並非長而粗才是理想的吉相。向上線的存在本身就是吉相，即使短或有數條也無妨。這些全表示努力奮進。這種類型者不論從事何種行業都可望成功，適合擔任紮實努力的研究者。

9．其他的幸運線

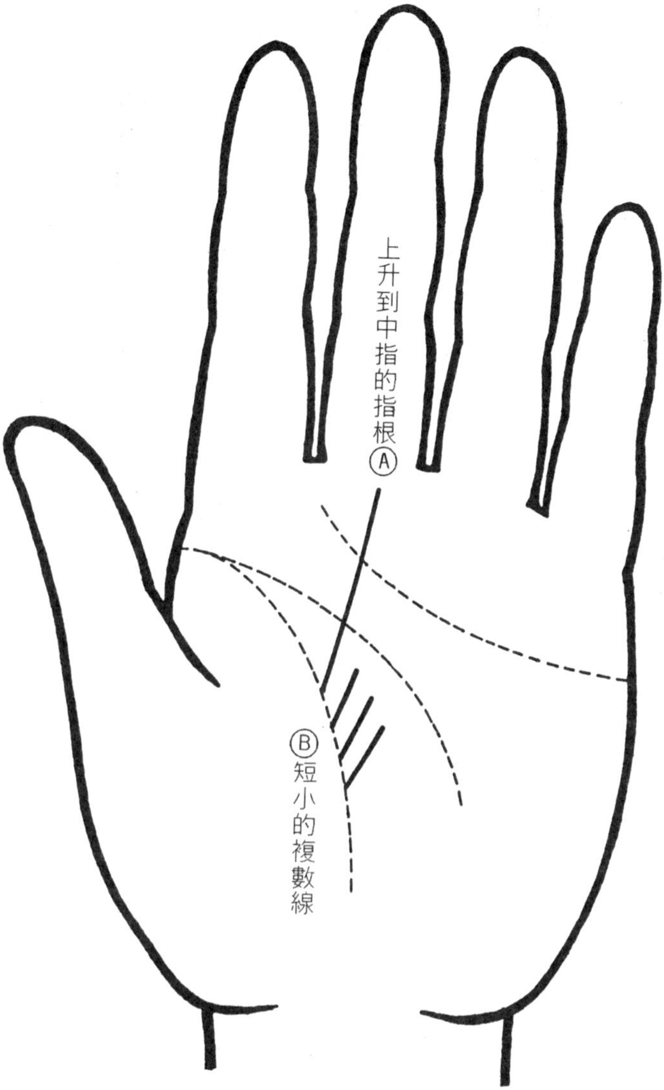

領導他人的經理線

位於食指下，與希望線呈交叉位置的是經理線。提起經理線，也許有人以爲是演藝圈內的經紀人或飲食相關業的經理。

其實經理線是表示擅長帶領他人而成功的吉相。

●多半是管理職

經理的原意是取自Managment（企業的經營、管理）而經理人則表示領導者、管理人。因此，在企業中擔任管理階層者通常可見此相。這種人是居於衆人之上，領導他人，從事管理的工作。

●優秀的指導能力

運動界也有所謂的經紀人。優秀的選手身邊必有一位優秀的教練或經紀人。因經紀人更換而使選手的成績一落千丈的事例時有所聞。

擁有此線的人具有確實發覺他人能力而給予栽培的才華。

這種人若居於企業的領導地位，極有可能作育人才，並建立具有組織體系的「軍團」。

9．其他的幸運線

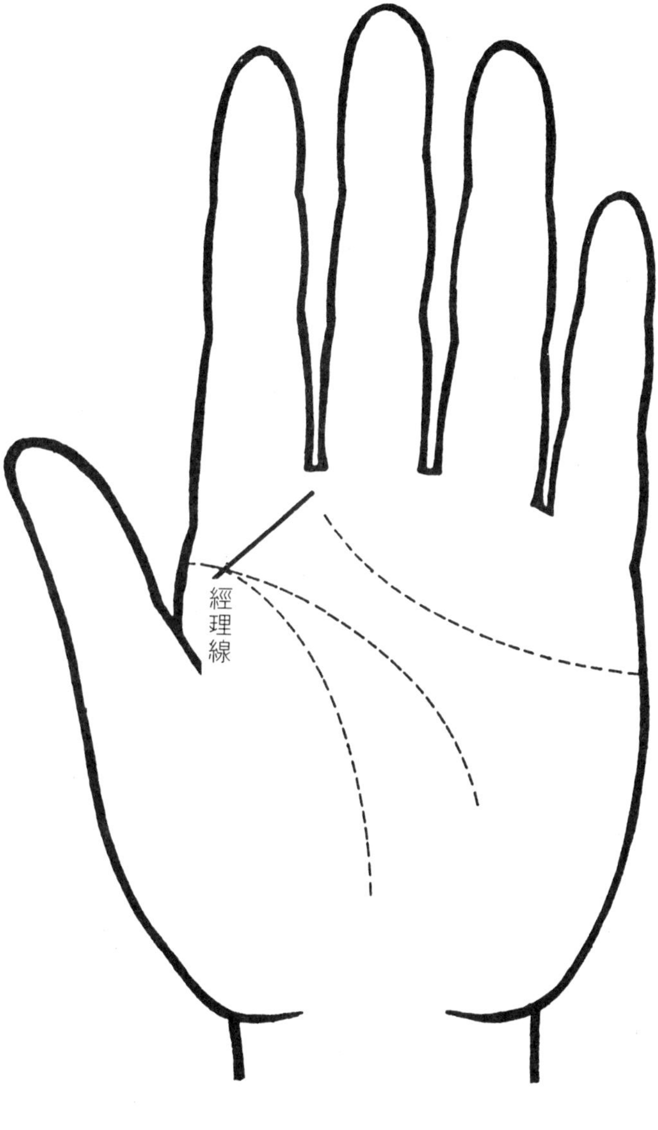

官能線、金星帶

在中指和無名指根部的下方，有時會出現成功型的曲線。這條曲線稱爲金星帶，相當於感情線的副線。這種手相除了表示富有藝術上的豐富感受性外，誠如其別名「官能線」也帶有官能方面的涵義。

Ⓐ智慧線線紋清晰時

所謂的「多情人」類型，但智慧線若清晰穩健，表示金星帶的藝術層面特別突出，在音樂、文學或藝術方面可發揮多元化的能力。在異性眼中深具魅力。不但情調好、美感品味也出類拔粹。

Ⓑ斷斷續續時

當智慧線顯得薄弱或金星帶呈斷斷續續狀時，表示官能的層面特別突出而帶有變態性。甚至對異性帶有強烈的性方面的執著，而以奇異的型態表現性慾。若是女性對性極爲敏感，表現狩獵「男人」的傾向，感情的起伏激烈，暴露歇斯底里的性格。

Ⓒ與婚姻線相連時

金星帶的曲線若與婚姻線相接，此相是用性愛來解釋婚姻，愛情生活將會露出破綻。

9．其他的幸運線

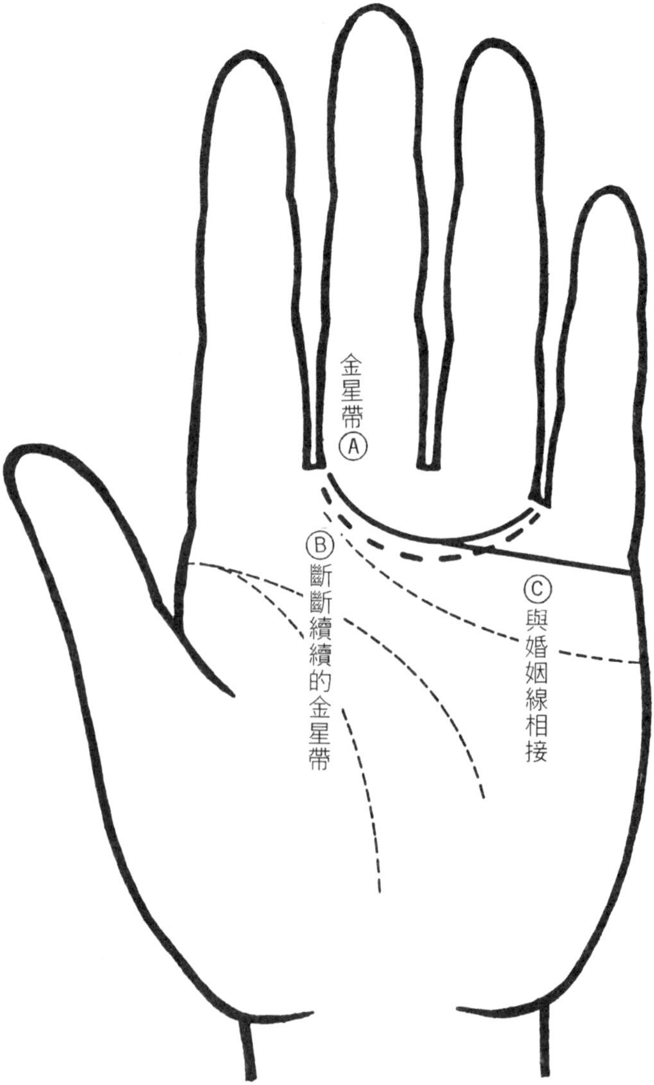

根據寵愛線分析愛情的動向——

起自月丘朝命運線延伸的線紋，特稱爲寵愛線。這表示受他人提攜之相，在此針對異性的愛情做一番解說。

Ⓐ與命運線相接時

表示在旅遊地的浪漫史。或因情人、贊助者的援助而掌握幸運之相。

Ⓑ短但與命運線合流

寵愛線也是命運線的附屬線，表示所承受的愛情對個人的命運造成重大的影響。寵愛線雖短但與命運線合流者，乃是一番轟轟烈烈熱戀後戲劇性結合之相。

Ⓒ穿過命運線時

寵愛線橫越而過命運線，表示雖然獲得比自己優秀者的眷愛而走上紅毯的一端，卻因某種緣由離別或感情失和而分居。

Ⓓ尚未到達命運線時

這種手相表示寵愛線的戀愛機會不會對命運造成影響。這意味即使擁有愛情，但愛情關係終究無法發展爲婚姻。

9．其他的幸運線

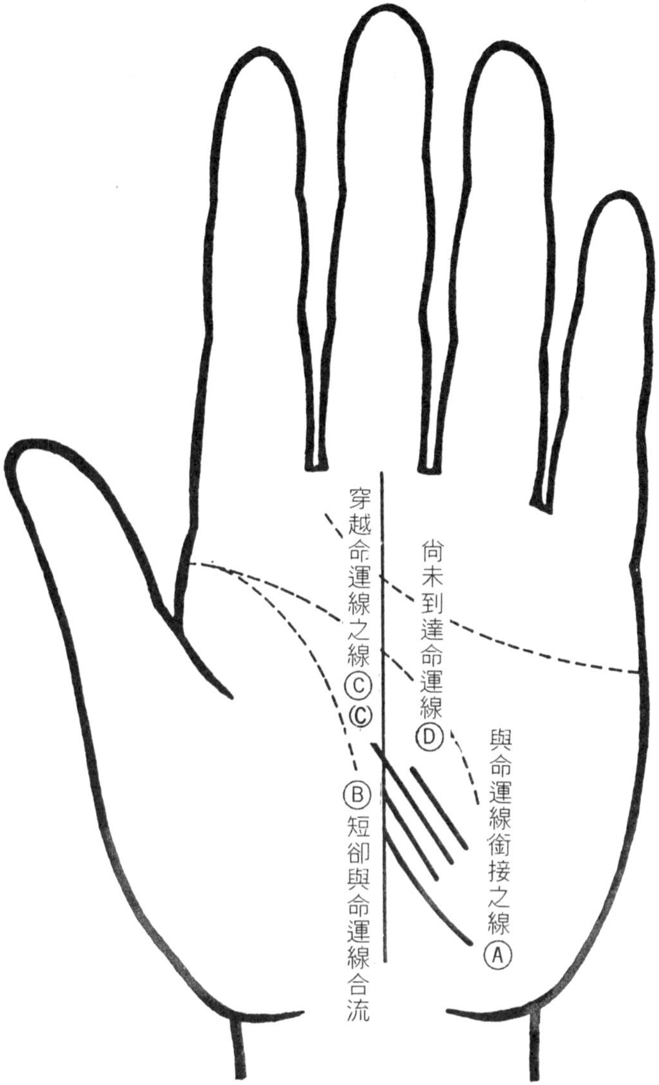
穿越命運線之線Ⓒ
Ⓒ
尚未到達命運線Ⓓ
與命運線銜接之線Ⓐ
Ⓑ短卻與命運線合流

因援助而開運的提攜線

從月丘朝命運線延伸的二、三條線紋稱爲提攜線，這是帶來成功與幸福的福相。

它和同樣由月丘發端而與命運線合流的寵愛線視爲姊妹線，兩者都意味他人的提攜而開運。

●加強成功之力

出現清晰的提攜線之相，和擁有太陽線的人同樣地從幼兒期即受人關愛，生性坦率而不藏私的性格。同時也是受旁人的提攜、援助之相，邁向成功的坦道比一般人較爲順暢。

這是能實現夢想或野心之相。在錢財方面也有許多轉機，例如，原本不予寄望的融資卻在緊要關頭獲得通融。因他人有形或無形的援助而大幅地改變人生。

●機會滾滾而進

邁向成功之路有兩種行經的方式。我們以在音樂劇渴望擔任主角的演員爲例，有些人必須挑戰數次的試鏡才好不容易獲得一個小角色。但卻有人無心插柳柳成蔭，因在劇場打工而被導演看中，拔擢爲主角。後者的情況正是因提攜線所造就的成功故事。

9．其他的幸運線

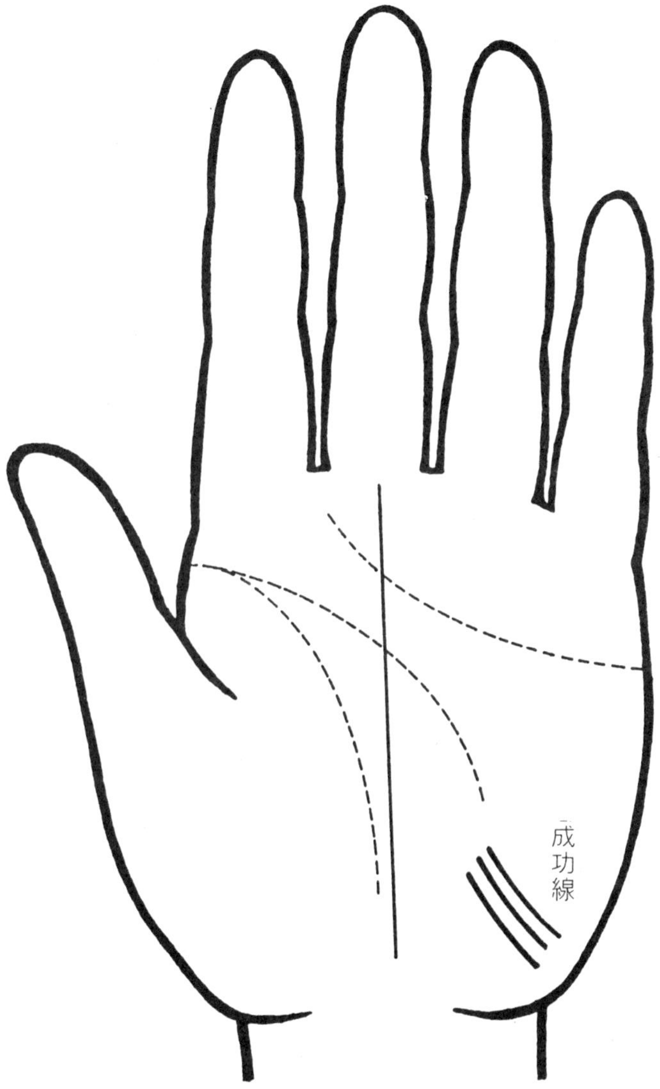

根據旅行線分析旅途的型態

現今到國外旅行已不是新鮮事。而調職海外也不稀奇。並非每個人手上都會出現旅行線，但它若出現在生命線的側邊或成爲其支線，倒可顯示旅行的型態或安全度。

Ⓐ短的旅行線

在生命線的一半以上的部份，若有一條延著生命線而出的縱線，表示短期間的旅行。旅遊地可能是國內或國外，目的是觀光等，表示有去必回。

Ⓑ單身赴任、長期滯留型

有如生命線的支線，呈分枝狀蔓延到月丘的線紋也是旅行線。這條旅行線所意味的並不是單純的旅行，而是表示在國外有另一個生活的基地。如單身赴任、留學等長期滯留。

Ⓒ星型表示危險遭遇

旅行之前請仔細看手掌上的旅行線。如果旅行線上出現星型，暗示在旅遊可能會碰到危險。

Ⓓ四角形是迴避災難

旅行線上出現四角形，表示即使萬一遭逢事故，也不會直接受害而能避開災難。

9．其他的幸運線

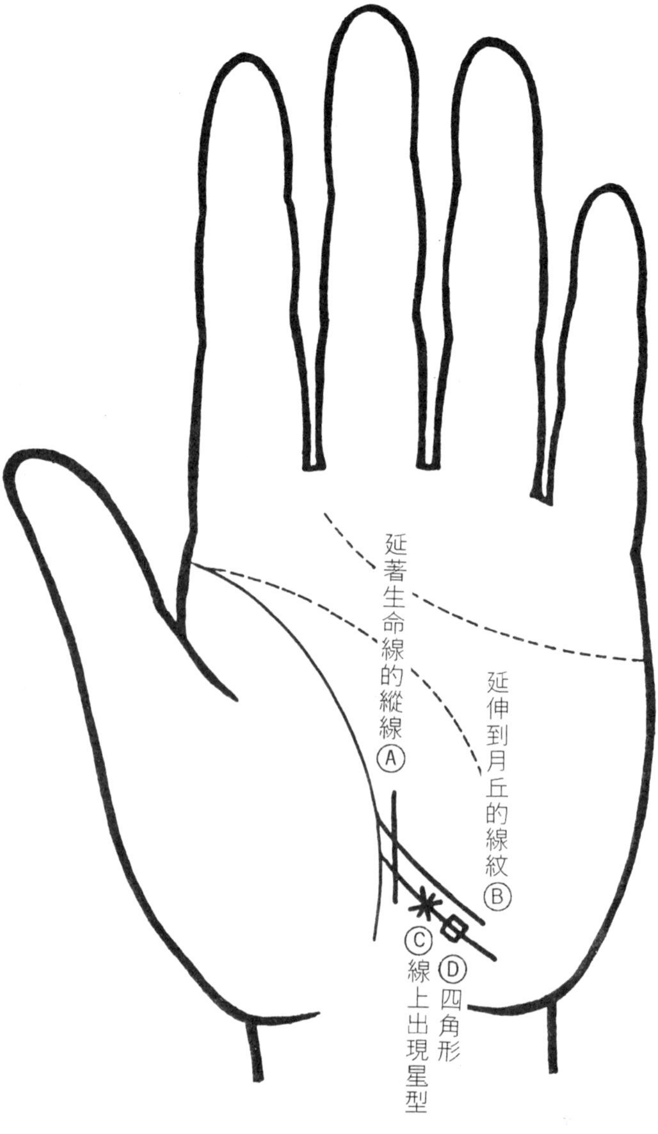
延著生命線的縱線Ⓐ
延伸到月丘的線紋Ⓑ
Ⓒ線上出現星型
Ⓓ四角形

健康線是筆直的嗎？

現代人最關心的是健康問題。即使是家財萬貫的富豪，也無法用金錢換得健康。除了平日留意之外，並無其他維護健康的方法。

Ⓐ呈一直線即是健康的身體

健康線是起自生命線的側邊，朝小指延伸的線紋。這條線紋雖然顯得細小、微薄，但稍微隔著距離來看手相，必會發現從小指朝向中央的一條斜線。這條斜線若呈一直線，而稍微偏向生命線者，乃是無懈可擊的健康寶寶。

Ⓑ心臟、循環器脆弱的類型

健康線與生命線銜接的人，表示心臟脆弱。尤其是橫越生命線而延伸者，表示內臟，尤其是循環器較弱。

Ⓒ必須注意胃部的類型

健康線斷斷續續，看不出呈一直線的情況，表示胃部衰弱，如果暴飲暴食而傷胃，也會使健康線變得斷斷續續。

Ⓓ慢性的便秘症狀

健康線若呈蛇形狀，表示慢性疾患。便秘也會使健康線呈蛇形狀，因此，必須注意全身的活性化、新陳代謝。

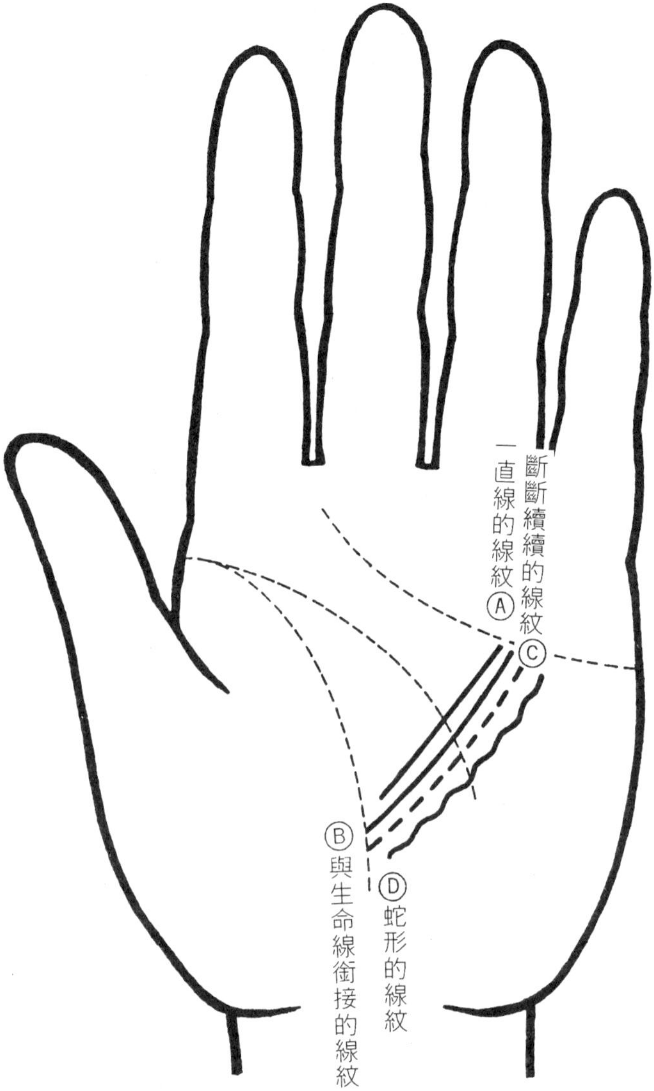

出現放射線表示極限狀態

放射線別名「壓力線」它表示精神與肉體的狀態。酷使體力或生活不正常時，體力會顯著地消耗，壓力在日積月累下會清楚地出現放射線。

Ⓐ不規則的生活

放射線是指位於月丘下方，呈弓型的橫線。如果稍微偏離生命線，表示因不規則的生活或不擅養生而危害健康。

Ⓑ極度的疲勞

放射線的尾短與生命線銜接時，表示過度的苦讀或從事超越體力的工作，使得身心處於極限狀態。早晚必會病倒或神經受挫。當混亂的性行爲造成健康的危害時，也會出現此線。

Ⓒ酒、麻藥、中毒

放射線若橫越生命線，表示因酒、麻藥、毒品而危害健康之相。如果與生命線銜接的線上出現星型紋，表示已超越傷害健康的階段，早已中毒的狀態。不是星型紋而是島紋時，同樣地也是受酒、女色、毒品侵害之相。

9．其他的幸運線

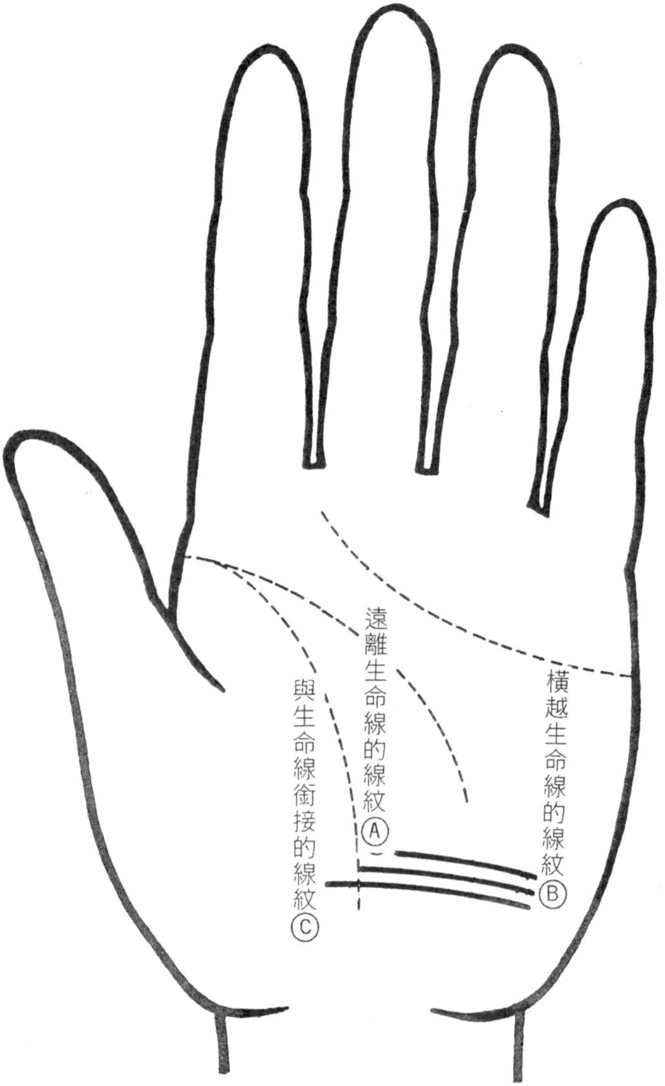
遠離生命線的線紋Ⓐ
橫越生命線的線紋Ⓑ
與生命線銜接的線紋Ⓒ

表示靈感的直覺線

直覺線是相當特殊的線紋，有此相者具有靈敏的神秘直覺力，有些人甚至具備靈感。

Ⓐ命運鑑定家類型

直覺線是從月丘下部朝小指指根延伸的線紋。它的位置和健康線類似，但它是位於健康線的外側。

從月丘的下方往上直升的線紋鮮少，即使出現直覺線也只在月丘內，或只出現在其上方的第二火星丘。但不論多細多短，只要有直覺線即有一般人少見的直覺力。

尤其是擁有從月丘延伸到小指的長直覺線者，預感會靈驗，或具有藝術方面的靈感。鑑定命運的專家中可見此相。

Ⓑ直覺敏銳的類型

直覺線只短小的出現在第二火星丘上，同樣地具有比一般人更靈敏的直覺，或具備做預知夢的能力。

Ⓒ表示宗教性的神秘十字

位於感情線與智慧線之間，横線與命運線呈十字交叉者稱爲神秘十字，表示宗教性。

9．其他的幸運線

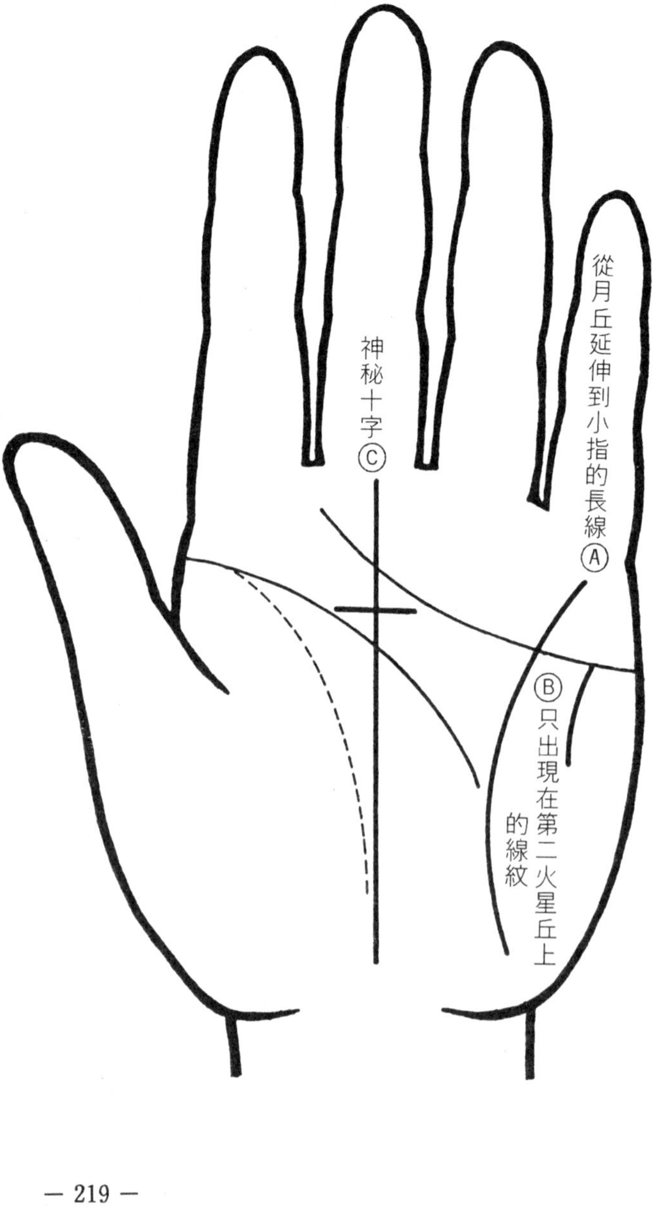

這是具有直覺力、靈感力之相。

受障礙線阻礙的凶相

人生有許多意外的災難。譬如，從大廈的屋頂突如其來飛下一塊水泥碎片而擊中頭部、深信不疑的從業員捲款逃走，這些情況令人怨嘆命運捉弄人，其實只要觀察手相，有許多情況是可以預想而知。以下根據障礙線來分析前途受到阻礙的諸相。

Ⓐ生命線、智慧線

這兩條線上若出現障礙線，暗示精神與肉體上的打擊。如離婚、背叛、兒童的暴行、外遇等各項。

Ⓑ生命線、智慧線、命運線

構成手相基本的這三條線，其中若出現障礙線，除了精神方面之外，表示生活、肉體上的重大打擊。這是受傷、災害、事業倒閉、破產，若是商場人士則是被迫左遷或辭職之相。當代表成功的太陽線也有橫越而過的障礙線時，表示以前擁有的人緣、人望盡失。

Ⓒ生命線、命運線

這兩條線上若出現粗大的障礙線，暗示將喪失社會地位或立場。譬如，選舉中落選或引咎下台等，表示社會生命的結束。

9．其他的幸運線

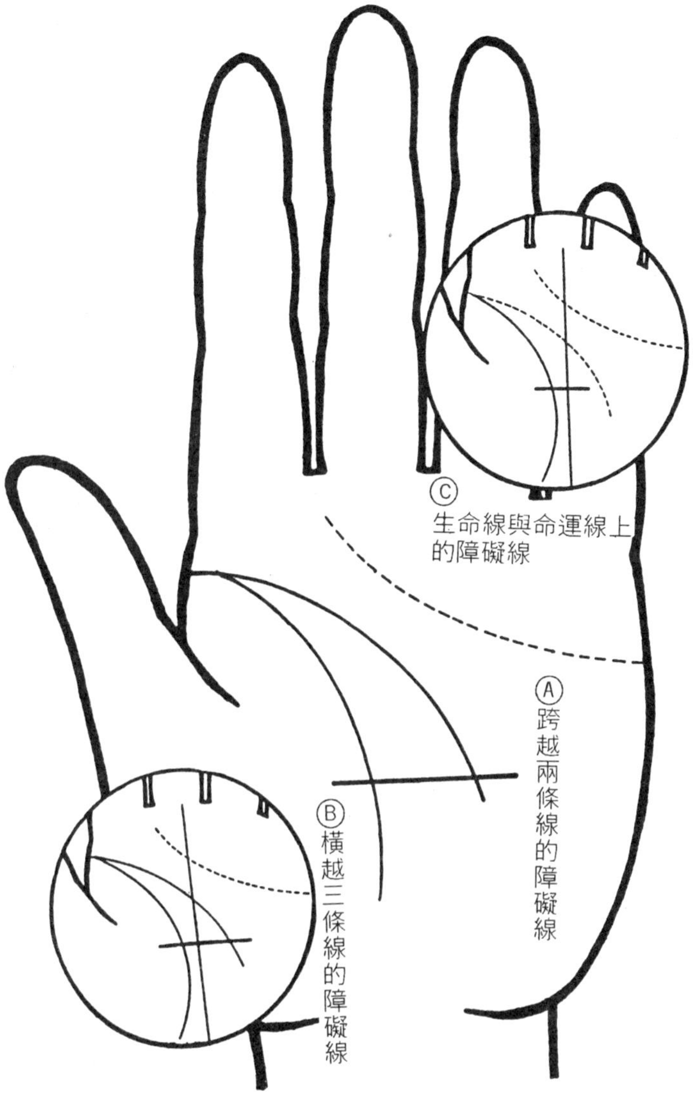

Ⓒ
生命線與命運線上
的障礙線
Ⓐ
跨越兩條線的障礙線
Ⓑ
橫越三條線的障礙線

●島紋、星紋、十字都要注意

注意即可避免

手相之所以難解，是因爲分析主要線之外還有其他各種要素。手掌上的模樣也是其中之一。

●島紋表示凶相

所謂島紋是出現在線紋中，呈眼狀的圓圈型。

如果出現在基本的四條線紋上，暗示將有突發事故或意料之外的不幸，請特別注意。

●星紋表示吉或凶

數條短線聚集成星型時，基本上是吉相。

但因所出現的場所也可能是凶相。詳情必須實際做鑑定才可得知。

●十字是凶相，但也具有神秘能力

出現在感情線和智慧線之間者稱爲神秘十字，具有靈方面的能力，也表示靈敏的直覺。

但若出現在其他部位，通常表示凶相，應特別注意。

後序

必須認識自己的天命──

●無法隱瞞事實

各位讀者看完本書後有何感想？大概有不少人驚嘆：「手相竟然這麼簡單嗎？」其實筆者本人每天都帶著驚奇分析手相。各位應曾聽過「手是外在的第二頭腦」「手是第二個心」之類的譬喻吧。每天我都深切地體認到先哲的提示。手相和觀相同樣地隨時產生變化。而其變化的根本原因乃在於內在的精神世界。

當我們心事重重時，臉色會顯得黯淡，同樣地，手相也會具實地傳達內在的情緒。發生婚外情的人，手上的婚姻線必會出現偷情線。

所謂紙包不住火，任何事都無法藉由外在的虛勢隱瞞。只是當事者以爲可以一手遮天。當我們眞切地體驗這個「眞理」時，不得不感動身心的確是表裡一體的關係。

長年分析手相時，必會發現世上有許多生不逢時的人。

一般人做手相鑑定，通常避免給對方做過度的打擊，但筆者卻打破這個禁忌，認為應該具實相告。

●知己才是開運的武器

美國是各民族的大熔爐，在美國只要看膚色，即可瞭解對方的祖先是亞洲人、非洲或歐洲人。

雖然手相並不比膚色醒目，但它卻具實地呈現個人的歹運或幸運，而且命中率之高幾乎令人恐怖。

如果告訴做手相鑑定者：「你的公司不久會倒閉。」或「五十歲會離婚之相。」任何人必臉色大變。因為，這些事態當事者已略有預感，他們通常不願意手相鑑定師如此露骨的說出來。

但是，知道這些往後必會產生破局的「事實」與否，對結果會造成極大的出入。因為，人具有開拓命運的能力。有些人迷途知返，痛定思痛地警惕自己：如果自己不振作，所有跟隨自己的從業員將露宿街頭，於是大力整頓公司的經營，結果逃過公司倒閉的危機。這時候的手相也巧妙地產生了變化。

正因為如此，我深深地認為：人生是有趣的。唯有知天命並決定與之面對，才會湧現驚人的潛力。而這時命運之門也自動地敞開了。

必須活用才能、優點

●優、缺點乃表裡一體

人是非常奧妙的動物，有些人只在意自己的缺點而變得悶悶不樂，而有些人即使別人明白告知某些缺點應特別留意，卻認定自己必可逃過災難臨頭。

在筆者眼中這兩者都屬同一類型的人。他們只片面地看待事物。

簡單地說，人的才能或性格和「刀片」是一樣的。使用刀片若稍有疏失，可能成爲殺人的武器，但善加利用則是對社會有貢獻的道具。

手相中有所謂的「金星帶」。仔細閱讀過本書的人都知道，它是位於中指與無名指下方的弓形線紋，別名「官能線」。它可以看成是「淫亂之相」但有此手相者不一定都是花花公子或花花女郎。

對戀愛的敏感感受性也意味著藝術上的卓越的感性。如果音樂或文學並非官能的表現，世界上將變得多麼枯燥乏味。所以，具有才能者是否能使其通俗化，全賴當事者的自覺與手相整體的平衡。

●不恃才而驕，善用優點

分析手相時，偶而會遇到天生大吉相的人。命運線與太陽線及財運線合而爲一，清晰刻印在手上而成上升之相，乃是所謂的「億萬富翁之相」這種手相爲數甚少，百萬人中僅有一例。

每次碰到這樣的人會令筆者感到興奮不已。這種人通常會面帶和悅的微笑，神情態度上已充分地表現出億萬富翁的模樣。這正是令人畏懼之處。

讀完本書後如果認爲：「我天生沒有福氣，所以無法獲得上司的提攜。」或「如果手上有太陽線，人緣應更好。」其實應該有相反的想法。

出現億萬富翁之相，乃是經歷無數次的挫折與障礙，不折不撓挑戰的結果，可以說是對其讚賞的勳章。

當然，也曾經遇見年輕人而有相當好的手相，這種情況只能說是天生的資質。不可因出現成功線（太陽線）或「坐擁天下」的平斗線而沾沾自喜，應該感謝自己天生具有的優點，努力活用這些優點才能開運。

而有障礙線或島紋多的人，誠如所謂「化災爲福」信任自己的優點而努力不懈時，障礙線或島紋不久將消失，而在努力不懈之下，運勢也會大幅地上升。

強運時前進、弱運時等候時機

●人生諸事都有其時機

雖然有所謂的結婚適齡期，但婚姻必須有男女雙方彼此時機的配合。即使是轟轟烈烈的大戀愛，如果男方的財運呈惡化下降狀態，必不敢開口向女方示愛，如果出現遭受父母強烈反對之相，卻違背天命強行自我決定，恐怕無法受到任何人的祝福。

手相時刻都在變化。仔細閱讀過本書者，相信已瞭解強運之相與弱運之相會清晰地呈現在手上。前來請求手相鑑定者中，有些人只爲安慰的語句而竊喜，其實遭逢弱運時該如何自處，對未來的人生關係重大。

不論島紋或斷裂線如何地錯綜複雜，這時是否能認定自處於弱運下，有無等候下次機會的耐力，乃是勝負的關鍵。

在大自然界中，草木在樹葉凋零的枯萎中會等候春天開花的時機，默默地準備迎接春天的來臨。若以季節來比喻運勢，弱運正等於冬季。這時未雨綢繆做準備或自怨自艾時運的不順，當「春天」露出曙光時，積極擁抱春天滋潤的腳步，二者已出現差異。只要帶著：「掙扎也徒勞無功。靜候自己春天的來臨」的心態，必定可以克服冷酷的冬天。

●強運時應一再進軍

春天終於來臨，正是「整軍出發」的時候，毫不猶豫勇往前進才能掌握勝利。這時最重要的是掌握時機。

有些在取決上難以下判斷，懷疑目前所面臨的強運，結果裹足不前而錯失良機。譬如，明顯地出現「辭職而自立門戶之相」卻因對自己缺乏信心，或磨磨蹭蹭不做表示，結果在公司的慰留下使得運勢呈下降的局勢。

各位務必相信手相確實能鐵口直斷。因為，它會具實地呈現個人的精神面。不論強運或弱運，其主要原因乃源自個人的心理。但如果當事者有所懷疑，只令人徒嘆可惜。

出現強運相時，應信任自己與未來，勇往直前。唯有積極前進地採取行動，才能確認手相令人畏懼的命中率與眞實性。

大展出版社有限公司
品冠文化出版社

圖書目錄

地址：台北市北投區(石牌)
致遠一路二段 12 巷 1 號
郵撥：01669551＜大展＞
19346241＜品冠＞

電話：(02) 28236031
28236033
28233123
傳真：(02) 28272069

・少年偵探・品冠編號 66

1. 怪盜二十面相	（精）	江戶川亂步著	特價	189 元
2. 少年偵探團	（精）	江戶川亂步著	特價	189 元
3. 妖怪博士	（精）	江戶川亂步著	特價	189 元
4. 大金塊	（精）	江戶川亂步著	特價	230 元
5. 青銅魔人	（精）	江戶川亂步著	特價	230 元
6. 地底魔術王	（精）	江戶川亂步著	特價	230 元
7. 透明怪人	（精）	江戶川亂步著	特價	230 元
8. 怪人四十面相	（精）	江戶川亂步著	特價	230 元
9. 宇宙怪人	（精）	江戶川亂步著	特價	230 元
10. 恐怖的鐵塔王國	（精）	江戶川亂步著	特價	230 元
11. 灰色巨人	（精）	江戶川亂步著	特價	230 元
12. 海底魔術師	（精）	江戶川亂步著	特價	230 元
13. 黃金豹	（精）	江戶川亂步著	特價	230 元
14. 魔法博士	（精）	江戶川亂步著	特價	230 元
15. 馬戲怪人	（精）	江戶川亂步著	特價	230 元
16. 魔人銅鑼	（精）	江戶川亂步著	特價	230 元
17. 魔法人偶	（精）	江戶川亂步著	特價	230 元
18. 奇面城的秘密	（精）	江戶川亂步著	特價	230 元
19. 夜光人	（精）	江戶川亂步著	特價	230 元
20. 塔上的魔術師	（精）	江戶川亂步著	特價	230 元
21. 鐵人Q	（精）	江戶川亂步著	特價	230 元
22. 假面恐怖王	（精）	江戶川亂步著	特價	230 元
23. 電人M	（精）	江戶川亂步著	特價	230 元
24. 二十面相的詛咒	（精）	江戶川亂步著	特價	230 元
25. 飛天二十面相	（精）	江戶川亂步著	特價	230 元
26. 黃金怪獸	（精）	江戶川亂步著	特價	230 元

・生活廣場・品冠編號 61

1. 366 天誕生星	李芳黛譯	280 元
2. 366 天誕生花與誕生石	李芳黛譯	280 元
3. 科學命相	淺野八郎著	220 元
4. 已知的他界科學	陳蒼杰譯	220 元

5. 開拓未來的他界科學　陳蒼杰譯　220 元
6. 世紀末變態心理犯罪檔案　沈永嘉譯　240 元
7. 366 天開運年鑑　林廷宇編著　230 元
8. 色彩學與你　野村順一著　230 元
9. 科學手相　淺野八郎著　230 元
10. 你也能成為戀愛高手　柯富陽編著　220 元
11. 血型與十二星座　許淑瑛編著　230 元
12. 動物測驗—人性現形　淺野八郎著　200 元
13. 愛情、幸福完全自測　淺野八郎著　200 元
14. 輕鬆攻佔女性　趙奕世編著　230 元
15. 解讀命運密碼　郭宗德著　200 元
16. 由客家了解亞洲　高木桂藏著　220 元

・女醫師系列・品冠編號 62

1. 子宮內膜症　國府田清子著　200 元
2. 子宮肌瘤　黑島淳子著　200 元
3. 上班女性的壓力症候群　池下育子著　200 元
4. 漏尿、尿失禁　中田真木著　200 元
5. 高齡生產　大鷹美子著　200 元
6. 子宮癌　上坊敏子著　200 元
7. 避孕　早乙女智子著　200 元
8. 不孕症　中村春根著　200 元
9. 生理痛與生理不順　堀口雅子著　200 元
10. 更年期　野末悅子著　200 元

・傳統民俗療法・品冠編號 63

1. 神奇刀療法　潘文雄著　200 元
2. 神奇拍打療法　安在峰著　200 元
3. 神奇拔罐療法　安在峰著　200 元
4. 神奇艾灸療法　安在峰著　200 元
5. 神奇貼敷療法　安在峰著　200 元
6. 神奇薰洗療法　安在峰著　200 元
7. 神奇耳穴療法　安在峰著　200 元
8. 神奇指針療法　安在峰著　200 元
9. 神奇藥酒療法　安在峰著　200 元
10. 神奇藥茶療法　安在峰著　200 元
11. 神奇推拿療法　張貴荷著　200 元
12. 神奇止痛療法　漆 浩 著　200 元

・常見病藥膳調養叢書・品冠編號 631

1. 脂肪肝四季飲食　蕭守貴著　200 元

2. 高血壓四季飲食		秦玖剛著	200 元
3. 慢性腎炎四季飲食		魏從強著	200 元
4. 高脂血症四季飲食		薛輝著	200 元
5. 慢性胃炎四季飲食		馬秉祥著	200 元
6. 糖尿病四季飲食		王耀獻著	200 元
7. 癌症四季飲食		李忠著	200 元
8. 痛風四季飲食		魯焰主編	200 元
9. 肝炎四季飲食		王虹等著	200 元
10. 肥胖症四季飲食		李偉等著	200 元
11. 膽囊炎、膽石症四季飲食		謝春娥著	200 元

・彩色圖解保健・品冠編號 64

1. 瘦身	主婦之友社	300 元
2. 腰痛	主婦之友社	300 元
3. 肩膀痠痛	主婦之友社	300 元
4. 腰、膝、腳的疼痛	主婦之友社	300 元
5. 壓力、精神疲勞	主婦之友社	300 元
6. 眼睛疲勞、視力減退	主婦之友社	300 元

・心 想 事 成・品冠編號 65

1. 魔法愛情點心	結城莫拉著	120 元
2. 可愛手工飾品	結城莫拉著	120 元
3. 可愛打扮 & 髮型	結城莫拉著	120 元
4. 撲克牌算命	結城莫拉著	120 元

・熱 門 新 知・品冠編號 67

1. 圖解基因與 DNA	（精）	中原英臣主編	230 元
2. 圖解人體的神奇	（精）	米山公啟主編	230 元
3. 圖解腦與心的構造	（精）	永田和哉主編	230 元
4. 圖解科學的神奇	（精）	鳥海光弘主編	230 元
5. 圖解數學的神奇	（精）	柳 谷 晃著	250 元
6. 圖解基因操作	（精）	海老原充主編	230 元
7. 圖解後基因組	（精）	才園哲人著	230 元

・武 術 特 輯・大展編號 10

1. 陳式太極拳入門	馮志強編著	180 元
2. 武式太極拳	郝少如編著	200 元
3. 中國跆拳道實戰 100 例	岳維傳著	220 元
4. 教門長拳	蕭京凌編著	150 元
5. 跆拳道	蕭京凌編譯	180 元

6. 正傳合氣道	程曉鈴譯	200 元
8. 格鬥空手道	鄭旭旭編著	200 元
9. 實用跆拳道	陳國榮編著	200 元
10. 武術初學指南	李文英、解守德編著	250 元
11. 泰國拳	陳國榮著	180 元
12. 中國式摔跤	黃　斌編著	180 元
13. 太極劍入門	李德印編著	180 元
14. 太極拳運動	運動司編	250 元
15. 太極拳譜	清・王宗岳等著	280 元
16. 散手初學	冷　峰編著	200 元
17. 南拳	朱瑞琪編著	180 元
18. 吳式太極劍	王培生著	200 元
19. 太極拳健身與技擊	王培生著	250 元
20. 秘傳武當八卦掌	狄兆龍著	250 元
21. 太極拳論譚	沈　壽著	250 元
22. 陳式太極拳技擊法	馬　虹著	250 元
23. （二十四式／三十二式）太極（拳／劍）	闞桂香著	180 元
24. 楊式秘傳 129 式太極長拳	張楚全著	280 元
25. 楊式太極拳架詳解	林炳堯著	280 元
26. 華佗五禽劍	劉時榮著	180 元
27. 太極拳基礎講座：基本功與簡化 24 式	李德印著	250 元
28. 武式太極拳精華	薛乃印著	200 元
29. 陳式太極拳拳理闡微	馬　虹著	350 元
30. 陳式太極拳體用全書	馬　虹著	400 元
31. 張三豐太極拳	陳占奎著	200 元
32. 中國太極推手	張　山主編	300 元
33. 48 式太極拳入門	門惠豐編著	220 元
34. 太極拳奇人奇功	嚴翰秀編著	250 元
35. 心意門秘籍	李新民編著	220 元
36. 三才門乾坤戊己功	王培生編著	220 元
37. 武式太極劍精華＋VCD	薛乃印編著	350 元
38. 楊式太極拳	傅鐘文演述	200 元
39. 陳式太極拳、劍 36 式	闞桂香編著	250 元
40. 正宗武式太極拳	薛乃印著	220 元
41. 杜元化＜太極拳正宗＞考析	王海洲等著	300 元
42. ＜珍貴版＞陳式太極拳	沈家楨著	280 元
43. 24 式太極拳＋VCD	中國國家體育總局著	350 元
44. 太極推手絕技	安在峰編著	250 元
45. 孫祿堂武學錄	孫祿堂著	300 元
46. ＜珍貴本＞陳式太極拳精選	馮志強著	280 元
47. 武當趙堡太極拳小架	鄭悟清傳授	250 元
48. 太極拳習練知識問答	邱丕相主編	220 元
49. 八法拳 八法槍	武世俊著	220 元
50. 地趟拳＋VCD	張憲政著	350 元

51. 四十八式太極拳＋VCD 楊　靜演示 400 元
52. 三十二式太極劍＋VCD 楊　靜演示 300 元
53. 隨曲就伸 中國太極拳名家對話錄 余功保著 300 元
54. 陳式太極拳五功八法十三勢 鬫桂香著 200 元
55. 六合螳螂拳 劉敬儒等著 280 元
56. 古本新探華佗五禽戲 劉時榮編著 180 元
57. 陳式太極拳養生功＋VCD 陳正雷著 350 元
58. 中國循經太極拳二十四式教程 李兆生著 300 元
59. ＜珍貴本＞太極拳研究 唐豪・顧留馨著 250 元
60. 武當三豐太極拳 劉嗣傳著 300 元
61. 楊式太極拳體用圖解 崔仲三編著 350 元
62. 太極十三刀 張耀忠編著 230 元
63. 和式太極拳譜＋VCD 和有祿編著 450 元

・彩色圖解太極武術・大展編號 102

1. 太極功夫扇 李德印編著 220 元
2. 武當太極劍 李德印編著 220 元
3. 楊式太極劍 李德印編著 220 元
4. 楊式太極刀 王志遠著 220 元
5. 二十四式太極拳（楊式）＋VCD 李德印編著 350 元
6. 三十二式太極劍（楊式）＋VCD 李德印編著 350 元
7. 四十二式太極劍＋VCD 李德印編著 350 元
8. 四十二式太極拳＋VCD 李德印編著 350 元
9. 16 式太極拳 18 式太極劍＋VCD 崔仲三著 350 元
10. 楊氏 28 式太極拳＋VCD 趙幼斌著 350 元
11. 楊式太極拳 40 式＋VCD 宗維潔編著 350 元
12. 陳式太極拳 56 式＋VCD 黃康輝等著 350 元
13. 吳式太極拳 45 式＋VCD 宗維潔編著 350 元
14. 精簡陳式太極拳 8 式、16 式 黃康輝編著 220 元
15. 精簡吳式太極拳＜36 式拳架・推手＞ 柳恩久主編 220 元
16. 夕陽美功夫扇 李德印著 220 元

・國際武術競賽套路・大展編號 103

1. 長拳 李巧玲執筆 220 元
2. 劍術 程慧琨執筆 220 元
3. 刀術 劉同為執筆 220 元
4. 槍術 張躍寧執筆 220 元
5. 棍術 殷玉柱執筆 220 元

・簡化太極拳・大展編號 104

1. 陳式太極拳十三式 陳正雷編著 200 元

2.	楊式太極拳十三式	楊振鐸編著	200 元
3.	吳式太極拳十三式	李秉慈編著	200 元
4.	武式太極拳十三式	喬松茂編著	200 元
5.	孫式太極拳十三式	孫劍雲編著	200 元
6.	趙堡太極拳十三式	王海洲編著	200 元

・中國當代太極拳名家名著・大展編號 106

1.	李德印太極拳規範教程	李德印著	550 元
2.	王培生吳式太極拳詮真	王培生著	500 元
3.	喬松茂武式太極拳詮真	喬松茂著	450 元
4.	孫劍雲孫式太極拳詮真	孫劍雲著	350 元
5.	王海洲趙堡太極拳詮真	王海洲著	500 元
6.	鄭琛太極拳道詮真	鄭琛著	450 元

・名師出高徒・大展編號 111

1.	武術基本功與基本動作	劉玉萍編著	200 元
2.	長拳入門與精進	吳彬等著	220 元
3.	劍術刀術入門與精進	楊柏龍等著	220 元
4.	棍術、槍術入門與精進	邱丕相編著	220 元
5.	南拳入門與精進	朱瑞琪編著	220 元
6.	散手入門與精進	張山等著	220 元
7.	太極拳入門與精進	李德印編著	280 元
8.	太極推手入門與精進	田金龍編著	220 元

・實用武術技擊・大展編號 112

1.	實用自衛拳法	溫佐惠著	250 元
2.	搏擊術精選	陳清山等著	220 元
3.	秘傳防身絕技	程崑彬著	230 元
4.	振藩截拳道入門	陳琦平著	220 元
5.	實用擒拿法	韓建中著	220 元
6.	擒拿反擒拿 88 法	韓建中著	250 元
7.	武當秘門技擊術入門篇	高翔著	250 元
8.	武當秘門技擊術絕技篇	高翔著	250 元
9.	太極拳實用技擊法	武世俊著	220 元

・中國武術規定套路・大展編號 113

1.	螳螂拳	中國武術系列	300 元
2.	劈掛拳	規定套路編寫組	300 元
3.	八極拳	國家體育總局	250 元
4.	木蘭拳	國家體育總局	230 元

・中華傳統武術・大展編號 114

1.	中華古今兵械圖考	裴錫榮主編	280 元
2.	武當劍	陳湘陵編著	200 元
3.	梁派八卦掌（老八掌）	李子鳴遺著	220 元
4.	少林 72 藝與武當 36 功	裴錫榮主編	230 元
5.	三十六把擒拿	佐藤金兵衛主編	200 元
6.	武當太極拳與盤手 20 法	裴錫榮主編	220 元

・少 林 功 夫・大展編號 115

1.	少林打擂秘訣	德虔、素法編著	300 元
2.	少林三大名拳 炮拳、大洪拳、六合拳	門惠豐等著	200 元
3.	少林三絕 氣功、點穴、擒拿	德虔編著	300 元
4.	少林怪兵器秘傳	素法等著	250 元
5.	少林護身暗器秘傳	素法等著	220 元
6.	少林金剛硬氣功	楊維編著	250 元
7.	少林棍法大全	德虔、素法編著	250 元
8.	少林看家拳	德虔、素法編著	250 元
9.	少林正宗七十二藝	德虔、素法編著	280 元
10.	少林瘋魔棍闡宗	馬德著	250 元
11.	少林正宗太祖拳法	高翔著	280 元
12.	少林拳技擊入門	劉世君編著	220 元
13.	少林十路鎮山拳	吳景川主編	300 元

・迷蹤拳系列・大展編號 116

1.	迷蹤拳（一）+VCD	李玉川編著	350 元
2.	迷蹤拳（二）+VCD	李玉川編著	350 元
3.	迷蹤拳（三）	李玉川編著	250 元
4.	迷蹤拳（四）+VCD	李玉川編著	580 元

・原地太極拳系列・大展編號 11

1.	原地綜合太極拳 24 式	胡啟賢創編	220 元
2.	原地活步太極拳 42 式	胡啟賢創編	200 元
3.	原地簡化太極拳 24 式	胡啟賢創編	200 元
4.	原地太極拳 12 式	胡啟賢創編	200 元
5.	原地青少年太極拳 22 式	胡啟賢創編	220 元

・道 學 文 化・大展編號 12

1.	道在養生：道教長壽術	郝勤等著	250 元
2.	龍虎丹道：道教內丹術	郝勤著	300 元

3.	天上人間：道教神仙譜系	黃德海著	250 元
4.	步罡踏斗：道教祭禮儀典	張澤洪著	250 元
5.	道醫窺秘：道教醫學康復術	王慶餘等著	250 元
6.	勸善成仙：道教生命倫理	李剛著	250 元
7.	洞天福地：道教宮觀勝境	沙銘壽著	250 元
8.	青詞碧簫：道教文學藝術	楊光文等著	250 元
9.	沈博絕麗：道教格言精粹	朱耕發等著	250 元

・易學智慧・大展編號 122

1.	易學與管理	余敦康主編	250 元
2.	易學與養生	劉長林等著	300 元
3.	易學與美學	劉綱紀等著	300 元
4.	易學與科技	董光壁著	280 元
5.	易學與建築	韓增祿著	280 元
6.	易學源流	鄭萬耕著	280 元
7.	易學的思維	傅雲龍等著	250 元
8.	周易與易圖	李申著	250 元
9.	中國佛教與周易	王仲堯著	350 元
10.	易學與儒學	任俊華著	350 元
11.	易學與道教符號揭秘	詹石窗著	350 元
12.	易傳通論	王博著	250 元
13.	談古論今說周易	龐鈺龍著	280 元
14.	易學與史學	吳懷祺著	230 元

・神算大師・大展編號 123

1.	劉伯溫神算兵法	應涵編著	280 元
2.	姜太公神算兵法	應涵編著	280 元
3.	鬼谷子神算兵法	應涵編著	280 元
4.	諸葛亮神算兵法	應涵編著	280 元

・鑑往知來・大展編號 124

1.	《三國志》給現代人的啟示	陳羲主編	220 元
2.	《史記》給現代人的啟示	陳羲主編	220 元

・秘傳占卜系列・大展編號 14

1.	手相術	淺野八郎著	180 元
2.	人相術	淺野八郎著	180 元
3.	西洋占星術	淺野八郎著	180 元
4.	中國神奇占卜	淺野八郎著	150 元
5.	夢判斷	淺野八郎著	150 元

7.	法國式血型學	淺野八郎著	150元
8.	靈感、符咒學	淺野八郎著	150元
9.	紙牌占卜術	淺野八郎著	150元
10.	ESP超能力占卜	淺野八郎著	150元
11.	猶太數的秘術	淺野八郎著	150元
13.	塔羅牌預言秘法	淺野八郎著	200元

·趣味心理講座·大展編號15

1.	性格測驗（1）探索男與女	淺野八郎著	140元
2.	性格測驗（2）透視人心奧秘	淺野八郎著	140元
3.	性格測驗（3）發現陌生的自己	淺野八郎著	140元
4.	性格測驗（4）發現你的真面目	淺野八郎著	140元
5.	性格測驗（5）讓你們吃驚	淺野八郎著	140元
6.	性格測驗（6）洞穿心理盲點	淺野八郎著	140元
7.	性格測驗（7）探索對方心理	淺野八郎著	140元
8.	性格測驗（8）由吃認識自己	淺野八郎著	160元
9.	性格測驗（9）戀愛知多少	淺野八郎著	160元
10.	性格測驗（10）由裝扮瞭解人心	淺野八郎著	160元
11.	性格測驗（11）敲開內心玄機	淺野八郎著	140元
12.	性格測驗（12）透視你的未來	淺野八郎著	160元
13.	血型與你的一生	淺野八郎著	160元
14.	趣味推理遊戲	淺野八郎著	160元
15.	行為語言解析	淺野八郎著	160元

·婦幼天地·大展編號16

1.	八萬人減肥成果	黃靜香譯	180元
2.	三分鐘減肥體操	楊鴻儒譯	150元
3.	窈窕淑女美髮秘訣	柯素娥譯	130元
4.	使妳更迷人	成 玉譯	130元
5.	女性的更年期	官舒妍編譯	160元
6.	胎內育兒法	李玉瓊編譯	150元
7.	早產兒袋鼠式護理	唐岱蘭譯	200元
9.	初次育兒12個月	婦幼天地編譯組	180元
10.	斷乳食與幼兒食	婦幼天地編譯組	180元
11.	培養幼兒能力與性向	婦幼天地編譯組	180元
12.	培養幼兒創造力的玩具與遊戲	婦幼天地編譯組	180元
13.	幼兒的症狀與疾病	婦幼天地編譯組	180元
14.	腿部苗條健美法	婦幼天地編譯組	180元
15.	女性腰痛別忽視	婦幼天地編譯組	150元
16.	舒展身心體操術	李玉瓊編譯	130元
17.	三分鐘臉部體操	趙薇妮著	160元
18.	生動的笑容表情術	趙薇妮著	160元

19. 心曠神怡減肥法	川津祐介著	130 元
20. 內衣使妳更美麗	陳玄茹譯	130 元
21. 瑜伽美姿美容	黃靜香編著	180 元
22. 高雅女性裝扮學	陳珮玲譯	180 元
23. 蠶糞肌膚美顏法	梨秀子著	160 元
24. 認識妳的身體	李玉瓊譯	160 元
25. 產後恢復苗條體態	居理安・芙萊喬著	200 元
26. 正確護髮美容法	山崎伊久江著	180 元
27. 安琪拉美姿養生學	安琪拉蘭斯博瑞著	180 元
28. 女體性醫學剖析	增田豐著	220 元
29. 懷孕與生產剖析	岡部綾子著	180 元
30. 斷奶後的健康育兒	東城百合子著	220 元
31. 引出孩子幹勁的責罵藝術	多湖輝著	170 元
32. 培養孩子獨立的藝術	多湖輝著	170 元
33. 子宮肌瘤與卵巢囊腫	陳秀琳編著	180 元
34. 下半身減肥法	納他夏・史達賓著	180 元
35. 女性自然美容法	吳雅菁編著	180 元
36. 再也不發胖	池園悅太郎著	170 元
37. 生男生女控制術	中垣勝裕著	220 元
38. 使妳的肌膚更亮麗	楊　皓編著	170 元
39. 臉部輪廓變美	芝崎義夫著	180 元
40. 斑點、皺紋自己治療	高須克彌著	180 元
41. 面皰自己治療	伊藤雄康著	180 元
42. 隨心所欲瘦身冥想法	原久子著	180 元
43. 胎兒革命	鈴木丈織著	180 元
44. NS 磁氣平衡法塑造窈窕奇蹟	古屋和江著	180 元
45. 享瘦從腳開始	山田陽子著	180 元
46. 小改變瘦 4 公斤	宮本裕子著	180 元
47. 軟管減肥瘦身	高橋輝男著	180 元
48. 海藻精神秘美容法	劉名揚編著	180 元
49. 肌膚保養與脫毛	鈴木真理著	180 元
50. 10 天減肥 3 公斤	彤雲編輯組	180 元
51. 穿出自己的品味	西村玲子著	280 元
52. 小孩髮型設計	李芳黛譯	250 元

・青　春　天　地・大展編號 17

1. A 血型與星座	柯素娥編譯	160 元
2. B 血型與星座	柯素娥編譯	160 元
3. O 血型與星座	柯素娥編譯	160 元
4. AB 血型與星座	柯素娥編譯	120 元
5. 青春期性教室	呂貴嵐編譯	130 元
9. 小論文寫作秘訣	林顯茂編譯	120 元
11. 中學生野外遊戲	熊谷康編著	120 元

12. 恐怖極短篇	柯素娥編譯	130元
13. 恐怖夜話	小毛驢編譯	130元
14. 恐怖幽默短篇	小毛驢編譯	120元
15. 黑色幽默短篇	小毛驢編譯	120元
16. 靈異怪談	小毛驢編譯	130元
17. 錯覺遊戲	小毛驢編著	130元
18. 整人遊戲	小毛驢編著	150元
19. 有趣的超常識	柯素娥編譯	130元
20. 哦！原來如此	林慶旺編譯	130元
21. 趣味競賽 100 種	劉名揚編譯	120元
22. 數學謎題入門	宋釗宜編譯	150元
23. 數學謎題解析	宋釗宜編譯	150元
24. 透視男女心理	林慶旺編譯	120元
25. 少女情懷的自白	李桂蘭編譯	120元
26. 由兄弟姊妹看命運	李玉瓊編譯	130元
27. 趣味的科學魔術	林慶旺編譯	150元
28. 趣味的心理實驗室	李燕玲編譯	150元
29. 愛與性心理測驗	小毛驢編譯	130元
30. 刑案推理解謎	小毛驢編譯	180元
31. 偵探常識推理	小毛驢編譯	180元
32. 偵探常識解謎	小毛驢編譯	130元
33. 偵探推理遊戲	小毛驢編譯	180元
34. 趣味的超魔術	廖玉山編著	150元
35. 趣味的珍奇發明	柯素娥編著	150元
36. 登山用具與技巧	陳瑞菊編著	150元
37. 性的漫談	蘇燕謀編著	180元
38. 無的漫談	蘇燕謀編著	180元
39. 黑色漫談	蘇燕謀編著	180元
40. 白色漫談	蘇燕謀編著	180元

・健 康 天 地・大展編號 18

1. 壓力的預防與治療	柯素娥編譯	130元
2. 超科學氣的魔力	柯素娥編譯	130元
3. 尿療法治病的神奇	中尾良一著	130元
4. 鐵證如山的尿療法奇蹟	廖玉山譯	120元
5. 一日斷食健康法	葉慈容編譯	150元
6. 胃部強健法	陳炳崑譯	120元
7. 癌症早期檢查法	廖松濤譯	160元
8. 老人痴呆症防止法	柯素娥編譯	170元
9. 松葉汁健康飲料	陳麗芬編譯	150元
10. 揉肚臍健康法	永井秋夫著	150元
11. 過勞死、猝死的預防	卓秀貞編譯	130元
12. 高血壓治療與飲食	藤山順豐著	180元

國家圖書館出版品預行編目資料

手相鑑定奧秘／高山東明著；李玉瓊譯
－－初版－－臺北市；大展．民85
面；　公分，－（命理與預言；13）
譯自：手相こう見るこう當てる
ISBN 957-557-582-2（平裝）
1. 手相
293.23　　85001455

手相鑑定奧秘

ISBN 957-557-582-2

原著者／高山東明
編譯者／李玉瓊
發行人／蔡森明
出版者／大展出版社有限公司
社　址／台北市北投區（石牌）致遠一路2段12巷1號
電　話／（02）28236031・28236033・28233123
傳　真／（02）28272069
郵政劃撥／01669551
網　址／www.dah-jaan.com.tw
E-mail／service@dah-jaan.com.tw
登記證／局版臺業字第2171號
承印者／高星印刷品行
裝　訂／建鑫印刷裝訂有限公司
排版者／千兵企業有限公司
初版1刷／1996年（民85年）3月
初版2刷／2005年（民94年）5月
定價／200元

推理文學經典巨著，中文版正式授權

名偵探明智小五郎與怪盜的挑戰與鬥智

名偵探柯南、金田一都讚嘆不已

日本推理小說鼻祖—江戶川亂步

1894年10月21日出生於日本三重縣名張〈現在的名張市〉。本名平井太郎。
就讀於早稻田大學時就曾經閱讀許多英、美的推理小說。
畢業之後曾經任職於貿易公司，也曾經擔任舊書商、新聞記者等各種工作。
1923年4月，在『新青年』中發表「二錢銅幣」。
筆名江戶川亂步是根據推理小說的始祖艾德嘉．亞藍波而取的。
後來致力於創作許多推理小說。
1936年配合「少年俱樂部」的要求所寫的『怪盜二十面相』極受人歡迎，
陸續發表『少年偵探團』、『妖怪博士』共26集……等
適合少年、少女閱讀的作品。

1～3集　定價300元　試閱特價189元